JN437520

구름에 달 가듯이

구름에 달 가듯이

나그네 시인 박목월

김중순 · 조미경 지음

책을 펴내면서

박목월은 시인이다. 한국문학을 대표하는 거목이라 해도 과언이 아니다. 2006년 학교법인 계성학원에서 개교 100주년을 맞아 선정한 "자랑스러운 계성 10인" 가운데 한 분이기도 하다. 이미 우리 문학계에서는 크게 존경을 받는 인물이기도 하거니와 그 분을 위한 여러 가지 기념사업들도 적지 않다. 이런 마당에 그분에 관한 일대기를 쓴다는 것은 새삼스러울 수 있다.

그러나 이 책은 박목월의 문학적 위대성을 논하려는 평론집도 아니고, 그분의 생애를 그분의 시만큼이나 아름답게 그려내려는 것도 아니다. 그저 한 인간으로서의 박목월의 모습을 살펴보고자 하는 것일 뿐이다. 거기에는 그 분의 성공과 좌절,

희망과 절망의 경험들이 고스란히 포함된다. 특히 '근대'를 살아가는 지식인으로서 시대의 아픔을 어떻게 내면화하고, 동시에 자신이 성장해 온 전통과 토속의 기운을 어떻게 표출시켰는지를 보게 된다. 그의 진솔한 삶은 우리에게 교훈과 기쁨과 감동을 주게 될 것이다. 또한 그의 파란만장했던 삶의 여정은 우리에게 커다란 자긍심뿐만 아니라 희망과 용기를 주어 미래를 위한 롤 모델(Role Model)이 될 것이라 믿는다.

따라서 이야기의 서술은 '스토리텔링'의 방식을 취했다. 그것은 '이야기'라고 하는 실체가 현재 진행형으로 말해지는 행위이다. 인쇄매체의 시대에는 '이야기'가 '이미 이루어진 과거의 것'을 의미했다. 그러나 스토리텔링에는 'tell'이라는 구체적인 감각적 행위가 포함되어 있다. 특히 화자와 청자가 같은 맥락 속에 포함됨으로써 현재의 상황이 강조된다. 현장성의 회복, 즉 새롭게 확장된 구술문화의 차원이 되는 것이다. 여기에 'ing'는 상황의 공유와 그에 따른 상호작용성의 의미를 내포한다. 가공되지 않은 단순 자료를 이야기로 풀어 재미있게 만든 것을 말한다. 그래서 상당부분 작가의 상상력에 의한 재구성이 이루어지게 된다. 소위 리얼리티(reality)를 위한 장치라고 할 수 있다.

이 책의 탄생은 학교법인 계성학교 김태동 이사장님의 의지가 있었기에 가능했다. 위대한 서정시인 박목월이 키워왔던 청소년기의 꿈을 그저 계성의 울타리에 가두어두지 아니하고 세상 모든 청소년들과 함께 나누기를 원했던 것이다. 동리목월문학관의 장윤익 관장님을 비롯한 여러 직원선생님들의 친절한 도움에 대해서도 이 자리를 빌어 감사의 뜻을 전한다. 공저자로 참여한 조미경 교수는 문학을 전공으로 하고 있어서 전문가로서의 역할을 충분히 해냈다. 자료를 수집하기 위해 발로 뛰며 몸을 아끼지 않았고 서로 의견을 교환하며 다듬는 일을 여러 차례 거쳤다. 그럼에도 불구하고 미비한 부분이 있다면 그것은 전적으로 나의 책임이다.

이 책이 대구 · 경북 지역사회의 문화사 연구에도 도움이 되기를 바라지만, 무엇보다도 청소년들이 '재미있게' 읽을 수 있으면 좋겠다.

2010년 목련꽃 흐드러지게 피는 봄날을 기다리며

저자를 대표하여

김 중 순

차례

1 나뭇가지에 걸린 달 하나

햇병아리처럼 노랑 빛깔의 햇살이 모량리의 봄 뜰에 조용히 내려앉았다. 살구나무에는 막 하얀 꽃들이 피어나기 시작했다. '살구징이(살구마을)'라 불리는 이곳에는 살구꽃들이 지천에 널려 있었다. 집집마다 해묵은 살구나무들이 마당이나 뒤란에 한두 그루씩 있는 것은 예사였다. 초봄이면 잎사귀도 없는 앙상한 가지마다 꽃망울을 터뜨려 꽃동네를 만들었고, 모량리 마을을 온통 하얀 띠로 몇 바퀴씩 둘러놓았다.

산 위에 올라 이 풍경을 바라보면 누군들 넋을 빼앗기지 않을 수 있었으랴! 뒷동산의 진달래는 온통 분홍빛으로 물들기 시작했고, 아지랑이가 모락모락 피어오르기라도 하면 진달래꽃은 분홍빛 구름이 되어 두둥실 떠오르는 것 같았다. 이맘때

가 되면 시골 마을 아이들의 마음은 설레기 시작했다.

모랑리 아이들은 봄이면 진달래꽃을 따러 단석산에 올라갔다. 진달래꽃은 약간 쌉쌀하면서도 달콤한 맛이 나 아이들에겐 좋은 먹을거리였다. 하지만 너무 많이 먹어 가끔 배탈이 나는 아이도 있었다. 동네 아낙네들은 진달래꽃으로 화전을 부치기도 했는데, 하얀 찹쌀가루를 동그랗게 빚어 그 위에 진달래꽃을 얹어 구워내는 것이었다. 화전은 맛도 좋았지만, 그 모양새가 참으로 고운 음식이었다.

정오가 지났다 싶으면 아이들은 마을 타작마당에 모여들었다. 목월이 덕수와 함께 그곳으로 갔을 때는 제법 많은 아이들이 모여 있었다. 형들이 산에 올라갈 수 있는 아이들을 골랐다. 목월은 아직 초등학교에 들어가진 않았지만 다른 아이들에 비해 키도 크고 다리도 튼튼한 편이었다. 작년 이맘때만 해도 형들은 목월이 아직 어리다고 산에 데려가지 않았다.

산은 보기보다 가파르고 위험한 곳이었다. 정상까지 올라갔다가 해 지기 전에 내려오려면 발걸음이 재빨라야 했다. 특히 배고픈 멧돼지나 산짐승들이 나타나 덮치는 날에는 크게 다칠 수도 있는 일이었다. 그 당시에는 산에서 간혹 호랑이를 본 사람도 있다고 했다. 정상까지 여러 차례 다녀온 경험이 있는 아랫마을 영수 형이 이번에도 대장을 맡았다. 영수 형은 산에 가는 아이들에게 몇 가지 주의할 사항을 일러주었다.

"너거들 내 말 잘 듣거래이. 산에 올라 가다가 절대 대열에서 이탈하면 안 된대이. 작년에 다른 동네 아이 하나가 혼자 산에 갔다가 호랑이한테 물려갔다 카더라. 절대 혼자서 행동하면 안 된대이. 알았제?"

"응, 알았어."

아이들은 일제히 한 목소리로 대답을 했다. 영수 형은 말을 마치고 난 후 늠름한 모습으로 앞장섰다.

목월은 처음 가는 산행에 마음이 부풀어 있었다. 예전에 아버지를 따라 산 중턱까지는 올라가 본 적이 있었으나 이렇게 정상까지 가 보는 건 처음이었다. 산행의 초반에는 뛰다시피 하며 발 빠른 형들의 뒤를 쫓아갔다. 아직 힘이 남아 있어 가파른 산길을 오르는 것이 그리 힘들지 않았다. 계속해서 대열 중간쯤에 끼어있었지만, 잠시 산 중턱에서 쉬고 나서는 상황이 달라졌다. 목월은 밀리고 밀려 거의 맨 뒤 대열에 끼여 근근이 바윗돌을 기어오르고 있었다. 집에서 염소를 키워본 아이들은 꽤 힘이 좋았다. 염소처럼 거친 돌길도 잘 헤쳐 나갔다. 하지만 목월은 거친 일이라고는 별로 해 본적이 없었다. 자꾸만 뒤처져 따라가기가 힘들었다. 친구 덕수는 중간 대열에 끼여 부지런히 따라가고 있었다. 마지막 대열에 있는 아이들을

살구꽃 피는 마을.

챙겨주는 형들의 걸음도 점점 빨라졌다.

온 몸은 땀으로 흠뻑 젖었고 목이 탔다. 물을 너무 많이 마신 탓인지 오줌이 몹시 마려웠다. 하지만 걸음을 재촉하는 형들에게 조금 쉬어가자는 얘길 꺼낼 수가 없었다. 해지기 전에 산을 내려와야 한다는 걸 알고 있었기 때문이었다. 더는 참을 수가 없어 조용히 뒤로 빠져나와 큰 나무 뒤에 숨어 오줌을 눴다. 한참을 참았던 터라 정말 시원했다. 나무 아래에는 작은 꽃들이 피어있었다.

진달래 꽃잎을 몇 개 따 입안에 넣었다. 쌉쌀하고 향긋한 맛이 혀안에 퍼졌다. 산 위에서 내려다보는 모량 마을은 온통 형형색색의 꽃구름에 쌓인 듯 했다. 꿈길 같았다. 아픈 다리를 좀 쉬고 나니 한결 가벼워졌다. 볼 일을 보고나서 아이들이 올라간 곳으로 눈길을 돌렸다. 그러나 그곳엔 아무도 보이지 않았다. 벌써 멀리까지 가 버린 모양이었다. 한 순간 두려운 생각이 스쳐지나갔다. 호랑이가 나타날지도 모른다는 생각을 하니 오싹 소름이 돋았다.

목월은 길이 난 곳을 따라 정신없이 올라갔다. 한참을 올라가도 일행들은 보이지 않았다. 목이 마르다 싶었는데, 마침 계곡이 나와 목을 축일 수 있었다. 봄눈이 녹은 탓에 계곡에는 물이 흐르고 있었다. 잠시 너럭바위에 걸터앉았다. 푸른 하늘이 훤히 올려다 보이는 경치가 좋은 자리였다. 바로 그때 어디선가 바스락거리는 소리가 들렸다. 목월은 혹시 맹수가 나타난 게 아닐까 두려워 너럭바위에서 기어 내려와 큰 나무 뒤로 몸을 숨겼다. 나뭇잎 밟는 발자국 소리는 점점 가까이 다가왔다. 혹시 뒤처진 자신을 찾으러 내려온 형이 아닐까하는 생각에 조용히 고개를 들어 이리저리 살펴보았지만, 주변에 사람이라곤 보이지 않았다.

그때 계곡에서 뭔가가 움직이는 것 같았다. 용기를 내어 너럭바위 쪽으로 고개를 내밀었다. 노루였다. 노루 한 마리가 계곡에서 물을 마시고 있었던 것이다.

귀를 쫑긋 세운 노루는 곧 고개를 들어 구름이 떠가는 하늘을 한참동안 바라보았다. 목월은 노루의 모습을 넋을 놓고 바라보았다. 산에는 무서운 산짐승들만 사는 게 아니었다. 좀 더 가까이서 보고 싶어 다리를 펴는 순간 그만 헛발을 딛고 말았다. 돌멩이 몇 개가 아래로 굴러 떨어졌다. 노루는 그 소리에 흠칫 놀라 계곡에서 몇 발자국 물러났다. 하지만 멀리 달아나지 않고 소리가 난 너럭바위 쪽으로 고개를 돌렸다. 노루와 눈이 마주쳤다. 검고 맑은 큰 눈이었다. 그 눈에는 슬픔이 어려 있었다. 목월은 숨을 죽이고 노루의 모습을 바라보았다. 마치 뭔가 할 말이 있기라도 한 듯 그 자리를 떠나지 않고 가만히

노루와 눈이 마주쳤다. 검고 맑은 눈이었다.

서서 목월 쪽을 바라보고 있었다.

그때 어디선가 사람들의 소리가 들려 왔다.

"영종아, 영종아……."

영종은 목월의 원래 이름이었다. 이어서 덕수가 외치는 소리도 들려왔다.

"영종아, 니 어딨노? 영종아……."

아이들의 소리가 들리자, 노루는 금방 달아나 버렸다. 목월은 노루가 껑충껑충 뛰어 수풀 속으로 사라져가는 모습을 한참동안 지켜보았다. 꿈에서 깨어난 듯 정신을 차리고 너럭바위 위에 올라가 소리를 질렀다.

"덕수야, 내 여기 있대이……."

덕수가 목월을 제일 먼저 발견하고 달려왔다. 그를 뒤따라 형들도 쫓아왔다. 대장 영수 형이 오면 혼날게 뻔했다. 그러나 예상과는 달리 형은 오히려 걱정스런 눈길로 바라보며 말했다.

"니 다친 데는 없나?"

"으…응."

목월은 기어들어가는 소리로 대답을 했다.

"다친 데 없으면 됐다. 어서 가자."

목월을 찾느라 이곳저곳으로 흩어졌던 일행은 다시 대열을

정비했다. 목월은 일행을 따라 가면서도 혹시 그 노루가 다시 나타나지 않을까 싶어 연신 뒤를 돌아다보았다. 목월은 그날 만났던 노루에 대해서는 아무에게도 말하지 않았다. 자신만이 아는 비밀로 간직해 두고 싶었던 것이다. 구름이 떠 있는 하늘을 한참 바라보다 고개를 돌렸을 때 마주친 노루의 그 슬픈 눈망울은 검고 아름다웠다.

노루는 그의 시 속에서 되살아났다. 청록(靑鹿), 몸에 맑고 푸른빛이 도는 노루는 그의 상상이 만들어낸 이미지였다. 이 상상의 짐승은 청정한 자연 속에서 자라나며 이상향을 꿈꾸던 한 소년을 있게 했다. 그의 맑고 순수한 정신세계를 상징하는 시적 이미지였던 것이다. 그 날의 기억과 어린 시절 모량리 마을에서 보낸 봄날의 추억은 그의 시에 고스란히 담겨졌다. 그것은 진달래의 분홍빛 고운 빛깔이었고, 수줍은 처녀의 볼처럼 불그레했다. 모량리의 자연은 어린 목월을 시인으로 키우고 있었던 것이다.

그가 시인으로 등단할 무렵 그는 자신의 이름 속에 나무(木) 한 그루를 심고 달(月) 하나를 그 나뭇가지에 걸어 놓는 것을 잊지 않았다. 필명을 목월(木月)이라 지은 것이다. 그리고 하늘과 땅을 이어주는 이 두 존재 사이를 오가며 대자연을 노래하는 시인이 되었다.

방초봉 한나절
고운 암노루

아랫마을 골작에
홀로 와서

흐르는 냇물에
목을 추기고

흐르는 구름에
눈을 씻고
열 두 고개 넘어 가는
타는 아지랑이

「삼월」

2 길 떠나는 아이

일곱 살이 되던 해인 1923년, 목월은 모량리에서 십 리 길이나 떨어진 건천 초등학교에 입학했다. 그 시절에는 초등학교에 입학하는 아이들이 마을에서 몇 명 되지 않았다. 모량리처럼 작은 마을에는 학교가 없어서 건천읍까지 아이들을 내보내는 것은 번거로운 일이었다. 게다가 농사일이 많고 바쁠 때는 아이들의 고사리 손도 아쉬운 형편이었다. 그러니 대부분의 집들이 교육문제는 뒷전으로 미뤄두고 살았다. 그러나 목월은 건천으로 출근하는 아버지를 따라 매일 아침 걸어서 등교를 하게 되었다. 나이가 찬 손자를 학교에 보내는 일에 크게 마음을 쓰고 있었던 할아버지 덕택이었다. 개화한 세상을 헤쳐 나가야 할 어린 손자의 장래를 위해 교육이 얼마나 중요한 일인지 할아버지는 일찌감치 깨치고 있었던 것이다.

추위가 가시고 따스한 햇살이 비쳐 들며 송홧가루가 날리기 시작하는 4월 초순이었다. 초등학교에 처음으로 등교하는 코흘리개 막아들을 바라보는 어머니의 눈빛에는 만감이 교차했다. 보자기로 잘 감싼 책보를 목월의 등에 대어 그 끝자락을 가슴 앞에서 동여매주었다.

"영종아, 선생님 말씀 잘 들어야 한대이."

"엄마는 우리하고 같이 안 가나?"

"그래, 엄마는 집에 할 일이 많아서 못 간대이."

"그라마 나는 길도 모르는데 집에는 우예 돌아 오노?"

"아부지가 니를 학교까지 데려다 주고, 집에 올 때도 데리고 올끼다."

"엄마가 같이 가면 좋겠구마는……."

선생님 말씀 잘 들어야 한다는 다짐을 받아낸 어머니는 목월의 손목에 명주 수건을 꼭 감아주었다. 동네 어귀까지 따라나온 어머니를 남겨두고 아버지의 손을 잡고 총총히 떠나가는 목월은 불안한 마음에 몇 번이나 뒤를 돌아다보았다. 어머니를 떠나 이렇게 먼 길을 떠나 본 적이 없었던 목월은 그날부터 근 4년 동안 비가 오나 눈이 오나 책보를 들쳐 메고 매일 같이 십 리 길을 통학하였다.

모량에서 건천까지의 십 리 길은 장성한 어른들이 걷기에도 먼 길이었다. 하물며 어린 아이의 좁은 보폭으로는 그 갑절은 더 멀게 느껴졌을 것이다. 새로 지어 빳빳하게 풀을 먹인 한복 저고리가 걸을 때마다 사각사각 소리를 냈다. 광목에 파란 물감을 들인 한복에서는 엄마 냄새가 났다. 안감으로 댄 명주는 엄마가 누에고치에서 뽑은 비단 실을 베틀에 넣고 손수 짠 것이었다. 그러나 조금 크게 지은 헐렁한 한복 바지는 연신 끌어올려야 했다. 잃어버리지 말라고 손목에 꼭 매 주신 명주 수건으로 땀을 닦으면 거기서도 엄마 냄새가 났다.

마을로 난 큰 길을 벗어나서 학교로 가는 산길로 접어들었다. 소나무 숲에서 불어오는 선선한 바람이 땀을 식혀주었다. 숨이 턱에 찰 정도로 높은 산등성이를 몇 개 넘으면 들판에는 이름 모를 들꽃들이 아침 이슬에 젖어 있었다. 자그마한 도랑이 있었지만 물이 불어나는 여름 장마철엔 제법 큰 내를 이루는 곳이었다. 바지가 물에 젖을까 걱정하는 목월을 아버지는 등에 업고 건너 주었다. 끝없이 이어지는 들길과, 옆과 뒤에서 따라오는 둔중한 산등성이는 아무리 걸음을 옮겨도 멀어지지 않았다. 아지랑이 아른거리는 지평선은 한나절을 걸어도 닿을 수 없을 것만 같았다.

"아부지, 학교까지 아직 멀었십니꺼?"

집을 떠나고 나서부터 목월은 몇 번이나 이렇게 아버지에게

물었다.

"조금만 더 가면 된다. 이제 얼마 안 남았다."

고무신은 봄볕에 녹아내린 땅 위의 풀들을 밟을 때마다 자꾸 미끄러졌다. 길 위에서 만나는 모든 생명들이 길벗이 되어 말을 걸어왔다. 길은 꿈틀거리는 추억이 되고 그리움이 되었다. 길에 대한 아련한 그리움은 목월 시의 근저에 배경색처럼 깔려있다. 유년기에 총총 걸음으로 걸어갔던 학교 가는 길을 목월은 평생 걸었던 길 중에서 가장 아름다운 길로 기억했기 때문이다. 그의 길에는 항상 동네 어귀에서 떠나는 자식을 바라보던 어머니의 애잔한 눈빛이 남아 있었다. 시(詩) 속에 펼쳐진 그 길은 시간과 공간을 초월했다. 목월이 시인으로 등단할 때 추천된 첫 시가 바로 「길처럼」이었다.

머언산 구비구비 돌아갔기로
산 구비마다 구비마다
절로 슬픔은 일어……

뵈일듯 말듯한 산길

산울림 멀리 울려 나가다

아지랑이 아른거리는 지평선은 한나절을 걸어도
닿을 수 없을 것만 같았다.

산울림 홀로 돌아 나가다
…… 어쩐지 어쩐지 울음이 돌고

생각처럼 그리움처럼 ……

길은 실날 같다

「길처럼」

큰 비가 오기 전에는 좀처럼 물 흐르는 걸 보기 힘들 정도로 언제나 마른 바닥이 보인다고 해서 이름 붙여진 마을이 건천(乾川)이다. 목월이 4학년 되던 해에 그의 부모님들은 모량리 할아버지 댁에서 분가해 나와 건천으로 집을 옮겼다. 아들 준필의 직장이 건천에 있기도 하거니와 어린 손자가 십 리 길을 통학해야 하는 번거러움을 지켜보면서 몹시 안쓰러워하셨던 할아버지가 오랜 고민 끝에 내린 결단이었다.

그러나 목월은 친구를 잘 사귀질 못해 언제나 외톨이였다. 가깝게 지내는 건 타지에서 온 두 아이들 밖에 없었다. 낙동강 강변마을 왜관에서 전학 온 여(呂)씨 성의 아이와 자기 집이 구룡포 바닷가라고 하는 최(崔)씨 성의 아이였다. 모량리에서만 자란 어린 목월은 그때까지 강이나 바다를 구경해 본 적이 한 번도 없었다.

"영종이 니는 강에 가서 큰 그물로 고기 잡아봤나?"

여씨 성의 아이가 물었다.

"아니…… 니는 해 봤나?"

"물론이제. 여름 방학만 되면 아예 강에 나가 살았다 아이가. 이따 만큼 큰 그물을 가지고 큰 고기를 잡아서 집에 갖고 오고 그랬다 카이."

그 아이는 그물의 크기를 보여주려고 두 팔을 크게 벌렸다.

"우와, 그물이 그래 크나? 그카마 고기는 얼마큼 큰대?"

"고기는 큰 건 내 팔뚝보다 더 크대이."

뒤에서 두 아이의 얘기를 듣고 있던 최씨 성의 아이가 이야기에 끼어들었다.

"니는 팔뚝만한 고기 밖에 못 봤제? 나는 바다에서 고래도 봤다 아이가. 고래는 이 교실보다 더 크고, 집채보다 더 크대이."

"우와, 니 그 말 참말이가? 그만한 고래를 정말 봤다 말이가?"

"물론이제, 우리 아부지가 큰 배를 타고 갈 때 나를 댈꼬 가서 보여줬대이."

목월은 집채 만한 고래가 산다는 바다에는 꼭 한 번 가 보고 싶었다. 여씨 성의 아이가 말을 이었다.

"그래도 내사 강이 좋대이. 강은 그리 깊지 않아서 멱 감기도 좋고, 가재도 잡을 수 있으니깐."

"바다에서도 수영 할 수 있대이. 파도가 밀려오면 모래사장으로 확 떠밀려 오는 것도 얼마나 재미 있다꼬."

목월은 두 친구를 선망의 눈길로 바라보았다. 촌놈 목월의 마음속에는 미지의 세계에 대한 호기심이 커다란 물고기가 되어 꿈틀거리며 요동치고 있었다.

봄이면 진달래꽃을 따거나 산새 둥지를 찾아다니고, 가을이면 머루와 다래를 따러 갔다. 산 정상에 올라 목월은 가끔 아득한 시선으로 굽이굽이 이어지는 산 능선을 바라보며 생각에 잠기곤 했다.

"저 첩첩 산 너머엔 무엇이 있을까? 나룻배가 떠다니는 끝도 없이 긴 강이 있을까? 고래 떼가 찾아오고 파도가 넘실댄다는 바다도 거기 있을까? 산 속에 새가 살듯이 물가에도 새가 있을까? 산새는 수풀 둥지에다 알을 낳는데 물새는 어디에다 알을 낳을까? 물새알에는 짭조름한 바다 냄새가 배어 있을까?"

물새알에서 깨어난 새끼 물새가 하얀 '날개죽지'를 펼치고, 산새알에서 태어난 산새가 '머리꼭지에 빨간 댕기를 들인' 채 창공을 날아가는 모습을 상상하며 목월은 자신도 세상 밖으로 마음껏 날아보고 싶었다. 목월은 그때 그렸던 세계를 중학생이 되었을 때 「물새알 산새알」이라는 동시로 남겼다.

물새는

물새래서 바닷가 바위 틈에

알을 낳는다

뽀얗게 하얀

물새알

산새는

산새래서 잎수풀 둥지 안에

알을 낳는다

알락달락 얼룩진

산새알

물새알은

간간하고 짭조롬한

미역 냄새

바람 냄새

산새알은

달콤하고 향긋한

풀꽃 냄새

이슬 냄새

물새알은

물새알이래서

날개죽지 하얀

물새가 된다

산새알은

산새알이래서

머리꼭지에 빨간 댕기를 드린

산새가 된다

3 동시의 세계로

건천으로 이사를 하고 난 후 목월의 어머니는 교회에 나가기 시작했다. 할아버지가 계셨던 모량리 집에서는 큰 소리 내지 않고 힘든 기색 하나 내비치지 않은 채 고단한 시집살이를 조용히 잘 견뎌내던 어머니였다. 밭일 외에는 바깥출입도 삼갔었다. 직장 일 때문에 집안 일은 나 몰라라 하던 아버지를 한 번도 탓하지 않고 불평 한마디 없이 모든 험한 일을 감당해 오던 어머니였다.

그런 어머니가 건천으로 오고 난 후 얼마 지나지 않아 저녁이면 호롱불 아래서 성경책을 읽는 날이 많아졌다. 꼭두새벽이면 치마에 이슬을 적시며 예배당을 다녀오곤 했다. 대대로 내려오는 전통적인 유교 집안의 통념을 깨어버린 것이다. 며느리가 조상의 제사를 모시지 않는 기독교에 입교했다는 사실은 할아버지와 아버지에겐 큰 충격이 아닐 수 없었다. 그러나 시아버지와 며느리 사이의 갈등은 그리 오래 가지 않았다. 시아버지가 며느리가 교회 나가는 것을 묵인해 주었던 것이다. 당시로서는 참으로 파격적인 결정이 아닐 수 없었다. 할아버지는 개화된 시대의 흐름을 거스를 수 없음을 삶의 연륜으로 뼈 속 깊이 절감하고 있었던 것이다.

목월은 어렸을 때 어머니의 새벽 기도 소리를 듣고 잠을 깬 적이 한 두 번이 아니었다. 어머니는 살아평생 하루도 거르지 않고 성경을 봉독하고, 새벽 예배를 다니며 기도를 했다. 목월은 기도하는 어머니의 절실한 소원이 무엇인지 머리가 굵어지고 생각이 깊어지면서 어렴풋이 알 것 같았다. 그러한 독실한 어머니의 신앙은 목월의 삶에 커다란 버팀목이 되었고, 그의 삶과 시 세계에 지대한 영향을 미쳤다.

목월은 건천 초등학교를 졸업하고 이듬해인 1930년 4월이 되어서야 대구에 있는 계성 중학에 입학하게 되었다. 기독교 신자였던 어머니가 목월을 외국인 선교사가 설립한 기독교 계통의 학교에 입학시키기를 희망했기 때문이었다.

대구로 유학을 떠나던 날 건천역에서 어머니와 헤어지던 순간을 목월은 평생 잊지 못했다. 어머니가 손수 지어준 옥양목

어머니에 대한 그리움이 깊어지면 책을 펼쳐도
어머니의 얼굴만 선명하게 떠올랐다.

두루마기에 옥양목 겹바지 저고리를 입고 길을 나섰다. 새벽에 떠나는 첫 차편을 기다리는 목월의 머릿속에는 온통 어머니 생각뿐이었다. 대도시 대구로 떠나는 설렘이나 새로운 생활과 학업에 대한 기대감은 온데간데 없었다. 어머니를 떠나 타향살이를 해야 하는 자신의 처지가 불안할 뿐이었다. 아버지는 목월의 입학식을 보기 위해 함께 가지만, 어머니는 이제 이 순간이 지나면 아주 오랫동안 볼 수 없었다. 목월은 울음을 꾸역꾸역 안으로 삼켰다. 그때 그의 나이 열넷이었다.

고향을 두고 떠나왔다. 목월은 사랑하는 어머니와 가족을 고향에 남겨 두고 혼자서 기숙사에서 첫 날 밤을 지새웠다. 고향 집 흙벽에서 풍기던 구수하고 텁텁한 흙냄새는 더 이상 없었다. 습기 찬 기숙사 벽돌 냄새가 낯설어서 몇 번이나 잠을 깨면 어머니의 얼굴이 눈앞에 어른거렸다. 명색이 경주군 서면(西面) 출신으로 대구의 인문중학에 입학한 첫 유학생이라고 동네 어른들에게 그렇게 많은 칭찬을 들었던 그였다. 시골 아이들에겐 부러움과 선망의 대상이 되었던 그였다. 그랬던 그가 어머니가 보고 싶어 눈물을 흘리다니 체면이 말이 아니었다.

새로운 학교생활은 낯설고 힘들었다. 기숙사에서 함께 생활하는 친구들은 쉽게 마음을 열어주지 않았다. 그럴수록 어머니에 대한 그리움은 깊어져 책을 펼치면 어머니의 얼굴만 선명하게 떠올랐다. 꿈을 꿔도 어머니와 고향 마을의 산천이었다. 향수병이 깊어지고 있었다. 그런 날이면 목월은 기도를 했다. 목월은 어머니와 자신 사이에 눈에는 보이지 않는 길 하나가 이어져 있음을 기도를 하다가 깨닫게 되었다. 그 끝을 알 수 없는 참으로 깊은 길이요, 그 누구도 감히 함부로 침범할 수 없는 신비로운 길이 바로 기도의 길이었다.

목월은 중학교에 입학한 첫 해 4월에서 7월 중순까지 한 번도 고향 땅을 밟지 않고 대구에 남아 있었다. 고향은 주말에 역에 가서 기차만 타면 두어 시간 남짓해서 가 닿을 수 있는 곳이었다. 드물긴 하지만 대구에서 경주까지 매일 통학하는 학생들도 있었다. 하지만 목월은 첫 학기 내내 향수병에 걸려 자리에 드러누울지언정 고향을 찾아 갈 생각은 추호도 하지 않았다. 약한 마음을 첫 학기에 바로 잡지 못하면 남은 유학생활이 너무 고달플 것 같아서였지만, 사실은 다른 연유가 있었다. 허락 없이는 함부로 고향을 다니러 오지 말라는 어머니의 말씀이 있었던 것이다. 목월은 어머니가 마음에도 없는 말로 엄하게 자식을 가르치고자 한 뜻인 줄 알고 있었지만, 그 뜻을 거슬러 실망시켜드리고 싶진 않았다.

계성학교는 대구 서문시장 옆에 자리 잡고 있었다. 이국적인 서양 건축양식으로 지어진 학교였다. 특히 아담스관은 비상하는 새가 날개를 펼친 듯 산뜻한 기와지붕을 이고 서 있었다. 계성학교는 1906년에 미국인 선교사가 설립을 했지만, 한국의 역사 속에서 민족의 수난과 영광의 순간들을 함께 한 빛나는 전통을 간직하고 있었다. 그 중에서도 1919년 대구 3·8 만세운동 때에 전체 교사와 학생들이 일제의 탄압에 당당히 맞섰던 항쟁의 역사는 계성인이 된 그에게 큰 자긍심이 되었다.

아직 일제 통치의 그늘에서 벗어나지 못한 1930년 봄에 입학한 목월은, 비록 일본어를 '국어'로 강제로 배워야 했지만, 모국어인 한국어로 글 쓰는 일을 그만 둘 수는 없었다. 목월이 입학하기 이전에 계성에는 이미 동시와 동요 창작의 전통이 형성되어 있었다. 작곡가 박태준과 동시 시인 윤복진, 박을송, 김성도 등의 선배들을 통해 우리말 동요 부르기 운동이 일어나기도 했던 곳이다. 윤복진의 「하나 둘 셋」, 「외양간 송아지」, 「바닷가에서」, 그리고 김성도의 「어린 음악대」 등의 동요는 목월 당대에도 많이 불린 노래들이었다. 나중에 목월의 「얼룩 송아지」가 이에 가세하며 계성의 문학사와 한국 동요의 역사에 새로운 획을 그었다.

송아지 송아지 얼룩 송아지
엄마 소도 얼룩소

계성학교의 아담스관은 비상하는 새가 날개를 펼친 듯
산뜻한 기와지붕을 이고 서 있었다.

엄마 닮았네.

송아지 송아지 얼룩 송아지
두 귀가 얼룩귀
귀가 닮았네.

입학 첫 해 목월의 학업 성적은 별로 좋은 편이 아니었다. 한 학급에 서른 명 남짓한 학생들 가운데서 중간치에도 끼지 못할 정도로 하위권을 맴도는 성적이었다. 학교생활에 제대로 적응하지 못한 탓이었다. 그러나 2학년에 진학하고부터 소년은 키도 마음도 단비를 맞은 다음날의 나무처럼 훌쩍 커져 있었다. 고향에 대한 향수병도 오히려 목월의 시적 영감을 일깨우는 촉매제였다. 제비가 꼬리를 날렵하게 세우고 유유히 긴 곡선을 그리며 날아오르던 고향 하늘이 그리울 때, 붉은 깃털 댕기 머리를 한 산새들이 몹시 보고 싶을 때, 돌돌거리며 흐르는 산골짜기 도랑 물 흐르는 소리가 다시 듣고 싶을 때, 그리고 연줄이 끊어진 꼭지연이 앙상한 나무 꼭대기에 달랑 걸려 꼬리를 바람결에 나부끼는 모습이 그리워질 때마다 목월은 시를 썼다. 문예부 활동을 하며 그렇게 해서 쓴 시들을 발표하지 않고 모아두고만 있다가, 그 중 한 편을 3학년이 되었을 때 용기를 내어 아동잡지에 투고를 했다. 그렇게 해서 「통딱딱 통딱딱」이라는 제목의 동시가 1933년 봄에 개벽 출판사에서 발행하는 잡지 〈어린이〉에 대문짝만하게 실리게 된 것이다. 목월은 가슴이 부풀었다. 이에 힘을 얻어 같은 해 6월에는 여성잡지 〈신가정〉에 응모한 동요 「제비맞이」가 당선되어 잡지에 크게 실리게 되었다. 여기에는 상금까지 있었으니 목월은 기쁨을 감출 수가 없었다. 봄이면 강남 갔다 돌아오는 '제비'가 어린 목월에게 시인이 되는 푸른 꿈을 물어다 준 것이었다. 동시 시인으로서의 첫 발걸음이었다.

풀밭에 / 짝자궁 / 옹기종기 / 모여라
꽃마다 집짓고 / 잎마다 문패 달고
노래노래 부르면 / 제비제비 온단다.

시내로 / 짝자궁 / 옹기종기 / 모여라
풀잎배 만들어 / 하얀꽃 돛 달아서
잔물결에 띄우면 / 제비타고 온단다.

「제비맞이」

대구에 사는 한 소년이 잡지사로 보내온 동시를 읽고 그의 재능을 단박에 알아 본 이는 윤석중(尹石重)이었다. 당시 동시

작가이자 잡지 기자였던 윤석중은 목월에게 칭찬을 아끼지 않았고 후한 원고료로 그를 독려하기도 했다. 학교 교과목 중에 작문 과목이 있긴 했지만 목월은 한 번도 칭찬을 받은 적이 없었다. 작문 성적도 중간 정도를 유지하는 정도였다. 글쓰기에 별로 자신이 없었던 목월에게 윤석중의 칭찬과 격려는 큰 힘이 되었다. 그 후부터 목월은 동시를 창작하는 족족 윤석중에게 보냈고, 작품이 연달아 잡지에 실리면서 원고료가 그의 손에 쥐어졌다.

조용하고 온순한 성격에 성적도 그리 뛰어나지 않은 시골 촌뜨기였던 목월은 어느새 학교에서 일약 유명인사가 되었다. 그런 그를 친구들은 시인이라고 불러주었다. 같은 반 친구 하나가 목월에게 다가와 말을 걸었다.

"이봐 시인! 어제 잡지에 보니 네 시가 실렸더라."

"으응, 그래……."

목월은 내심 기분이 좋았지만, 조금은 쑥스러워 머리를 긁었다.

"그냥 넘어가는 건 아닐 테지? 오늘 한 턱 내는 거 어때?"

"좋아, 오늘 저녁에 내가 한 턱 낼게."

원고료를 받는 날이면 목월은 친구들에게 후하게 선심을 썼다. 그 후 잡지 〈학등〉에다 1934년에 동시 「숲」과 「소(宵)의 호수바람」, 다음 해에 「송년송」 등을 발표하면서 이미 그의 명성은 전국적이 되었다. 동시를 쓰면서 연마한 그의 섬세하고 순수한 감성 세계는 목월이 성인 시인으로 문단에 정식으로 등단했을 때도 커다란 도움이 되었다. 그는 천상 서정 시인이었던 것이다.

4 시인의 별

대구에서의 유학 생활은 시골 학생 목월에게는 경제적으로 큰 부담이었다. 1학년 신입생 때는 학교 기숙사에서 생활을 했지만, 2학년이 되어서는 학교 부근에 있는 자취방으로 옮겨야 했다. 혼자 살림을 살다 보니 기숙사에서 지낼 때보다 생활비가 많이 들었다. 다행히 봄 학기에는 시골집에서 생활비를 꼬박꼬박 송금해 주었기 때문에 별 문제없이 잘 지낼 수 있었다. 그런데 가을에 접어들면서 집에서 오는 소식도 뜸해지고 보내오는 돈도 턱없이 적었다. 생활비를 제하고 나면 방값을 지불할 수도 없는 처지였다. 그렇게 몇 달치 목월이 방값을 내지 못하자 자취방 주인은 그 엄동설한에 방을 비우라며 재촉을 했다. 며칠을 고민하다가 목월은 담임선생님을 찾아가 사정

얘기를 했다.

"선생님, 공부를 그만두고 고향으로 내려갈까 합니다."

"그게 무슨 말이냐? 학교를 그만 두다니……."

"요즘 저희 집 형편이 안 좋아서 많이 힘듭니다. 제가 사는 자취방에 월세를 못 내서 나와야 될 형편이구요."

목월의 딱한 사정을 들은 담임선생님은 아무리 어려워도 학교를 그만 둬서는 안 된다며 손사래를 쳤다. 하지만 당장 지낼 곳이 없는 어린 제자를 자신의 집으로 데려갈 만큼 선생님도 여유가 있는 처지가 아니었다. 이런 저런 궁리를 하던 담임선생님은 묘안이라도 찾은 듯 제안을 했다.

"혹시 너 농업 실습장에 가 본 적이 있느냐?"

"예, 예전에 수업 시간에 가 봤습니다."

당시 계성학교에는 기숙사 맞은편에 농업 실습장으로 사용하는 온실이 있었다. 유리로 지은 온실은 식물 재배를 위해 겨울에도 난로를 피워 실내 공기를 항상 적정 온도가 되도록 관리하는 곳이었다.

"형편이 좀 나아질 때까지 그곳에서 지내는 것이 어떻겠느냐?"

"하지만…… 그곳은 제가 함부로 쓸 수 있는 곳은 아닐 텐

데요?"

"그곳에서 당분간 네가 지낼 수 있도록 내가 손을 써보도록 하마."

"고맙습니다. 선생님……."

자취방에서 짐 보따리를 챙겨 나와 실습장 온실로 짐을 옮기는 목월의 마음은 착잡하기 그지없었다. 쥐구멍에라도 숨고 싶은 심정이었지만 당장 어떻게 해 볼 다른 도리가 없었다. 온실 안은 장작으로 난로를 지펴서 실내 공기가 훈훈했다. 그러나 습기가 꽉 차 있어 눅눅하고 숨이 막힐 듯 했다. 흙냄새와 두엄 냄새는 아예 후각을 마비시켰다. 세상의 모든 것들이 자신을 향해 등을 돌리고 앉은 듯 외로움과 쓸쓸함이 엄습해 왔다. 집안 형편이 어려워져 힘들어하고 있을 식구들의 얼굴이 스쳐 지나갔다. 그날 밤으로 당장 집으로 돌아가고 싶은 생각이 간절했지만 내일 일을 생각하면 그럴 수는 없었다.

관리인 아저씨가 던져주고 간 가마니때기를 깔고 누웠다. 호롱불을 끄고 나니 온실 안은 칠흑 같은 어둠이 내려앉아 더없이 고요하고 적적했다. 습기로 눅눅해진 가마니때기 위에 드러누워 하늘을 올려 보다가 목월은 순간 외마디 탄성을 터트렸다. 유리천정 위로 별들이 쏟아지고 있었던 것이다. 하늘에 뿌려놓은 보석 같은 별들이 그의 눈앞에서 신비로운 빛깔로 반짝이고 있었다. 한 여름 밤 마당에 모깃불을 지피고 평상에 드러누워서 올려다보던 어린 시절의 그 별들보다 더 찬란한 별들이 밤하늘을 수놓고 있었다.

목월은 자리에서 일어나 문 밖으로 뛰쳐나갔다. 깊어가는 밤의 고요를 틈타 별들이 지상으로 내려오려고 하늘에서부터 다리를 놓고 있었다. 밤의 은밀한 밀어를 몰래 듣기라도 한 듯 목월의 뺨은 붉어졌다. 이 찬란한 행복 앞에 겸손하게 무릎 꿇고 새벽 동이 틀 때까지 그 광경을 지켜보고 싶었다. 그 날 밤, 별들을 바라보며 목월은 한 가지 굳은 결심을 했다. 언젠가 시인이 되면 이 별들이 속삭이고 간 이야기를 반드시 글로 쓰겠노라고.

깊은 밤, 만물이 조용히 모습을 거두고 스스로 영혼 안으로 돌아가서, 고개를 지우고 쉬는 밤, 뜰에 나가기를 권하리라. (중략) 어두운 영혼의 눈을 밤하늘로 돌려서 별을 보라. 별은…당신의 숨찬 의혹을, 혹은 가슴이 터지는 슬픔 위에 가닥마다 환한 대답을 주리라. 진실로 별은 큰 의혹을 지닌 자에게 확고한 대답을, 슬픔으로 몸부림치는 자에게는 은근하고 부드러운 위로의 말씀으로 그 품 안에 싸안을 것이다. 별은 대답이요, 위로요, 또한 자연의 그윽한 이치를 깨우쳐 주는 엄청나게 선명한 종소리와 같은 것이다.

깊어가는 밤의 고요를 틈타 별들이 지상으로
내려오려고 하늘에서부터 다리를 놓고 있었다.

그 날 밤 목월은 별들이 울리는 '엄청나게 선명한 종소리'를 들었다. 그 종소리는 목월의 마음 밭에 내려앉았다. 그리고 힘든 인생의 여정을 현명하게 극복해갈 용기와 지혜의 빛을 던져 주었다.

시인이 되고자 하는 결심을 더 굳게 다지게 했던 계기가 또 한 번 있었다. 장래의 꿈을 위대한 시인이 되는 것으로 목표를 삼은 목월은 학교 공부는 뒷전으로 미뤄두고 문학 서적들을 탐독하는 데 열중했다. 호롱불이 다 타 들어가도록 밤을 다투어 책을 읽고 글을 썼다. 하지만 성적이 떨어지고 수업 시간에 집중하지 않는 그의 수업 태도는 간혹 선생님들의 걱정거리였다. 당시 계성학교는 교칙이 상당히 엄격한 학교로 정평이 나 있었다. 학비를 낼 수 없는 것만이 정학이나 퇴학의 사유가 아니었다. 간혹 퇴학생의 학적부에는 '마음이 부정하여 퇴학하라 함', '공부도 부족하고 품행이 불미함으로 정학함', '공부 얼마 아니하고 교장 허락 없이 집에 감' 등이 사유로 적혀있는 경우도 있었다.

목월이 그런 학교 교칙을 모를 리 없었다. 그러나 그 날도 며칠 전에 읽기 시작한 세계문학 전집의 남은 이야기가 너무 궁금해서 수업에 집중할 수가 없었다. 결국 수학 시간에 교과서 밑에 책을 숨겨놓고 보다가 선생님에게 들키고 말았다. 황

해도 사투리를 심하게 쓰는 수학 선생님은 학생들 사이에서도 몹시 까다로운 성격의 소유자로 소문이 나있었다. 수학 선생님은 화를 내며 버럭 소리를 질렀다.

"왜 수업 시간에 딴 짓을 해, 이놈아!"

"시인이 되고 싶어서……."

목월은 기어들어가는 목소리로 대답했다.

"시인이 돼? 네놈이? 허허."

가소롭다는 표정이었다.

"네!"

선생님의 화난 기세에도 불구하고 목월은 큰 소리로 대답했다. 수학 선생님은 분을 삭이지 못했던지 한참동안 목월을 노려보았고, 목월은 학우들 보기가 민망해 얼굴을 붉혔다. 수업 시간에 다른 책을 본 건 잘못이었지만, 시인이 되겠다는 그의 말에 선생님의 비아냥거리는 태도는 그의 가슴에 날카로운 비수를 꽂았다. 교무실에서도 수학 선생님의 훈계는 계속 이어졌다.

"아무나 시인이 되는 줄 알아? 그것은 허영이고 사치야. 일찌감치 그만둬."

"……."

"시를 써서 밥을 먹어? 되잖은 소리 하지도 말고 공부나 열심히 해."

수학 선생님은 무슨 대단한 훈계를 한 사람 마냥 흡족해 하며 목월의 어깨를 툭툭 쳤다.

"……."

"또 다시 수업 시간에 그런 짓을 하면 당장 퇴학이야. 알았으면 이제 나가봐."

눈물이 핑 돌았다. 그러나 교무실을 나서는 목월은 딴 생각을 하고 있었다.

"문학을 한다는 것이 과연 허영이고 정신의 사치란 말인가? 배를 채우기 위해 꿈을 포기하는 것보다 굶는 한이 있더라도 나는 시인이 되고 말거야."

교실 밖으로 나오자 따뜻한 햇살이 비쳐드는 교정에는 은백양나무 잎사귀들이 바람결에 흔들리고 있었다. 목월은 나무에게로 다가가 말을 건넸다.

"위대한 시인이 되려는 꿈이 허영이냐 아니냐는 오늘 내가 대답할 수는 없는 문제야. 설사 그것이 지금 내게 어울리지 않는 허영이든 이상이든 나는 그것을 위하여 인생을 걸 거야."

목월은 어금니를 악물고 그 나무에다 자신의 이름 박영종의 영어 이니셜 P.Y.C.를 깊이 새겼다. 그리고 글자 하나하나를 손으로 쓰다듬으며 이렇게 중얼거렸다.

"나 박영종은 이 나무처럼 땅 속에 뿌리를 깊이 박고 언젠

은백양나무 우뚝 선 계성의 캠퍼스는
목월의 시심(詩心)이 자란 곳이다.

가는 잎사귀마다 푸르고 푸른 시들을 매달 것이다. 그리고 보는 이들로 하여금 아름다움을 느끼게 하는 나무 같은 시인이 되리라……."

목월에게 있어서 계성은 어머니 같은 존재였다. 은백양나무는 비바람에도 굴하지 않고 성실하게 한결 같은 자세로 그 자리에서 자신을 지켜 줄 것 같았다. 계성은 그의 몸과 마음이 자란 곳이었고, 무엇보다 그의 소중한 시심(詩心)이 자란 곳이었다. 수학 선생님의 그런 비웃음조차 시인이 되려는 목월에게는 없어서는 안 될 거름이었던 것이다.

계성!
당신은 눈을 감으실 날이 없는 영원한 어머니
길이 이 땅에 한 개 열매를 이루어 주시는 그 어머니
열매에는 늘 꿈 많은 싹이 깃들어 있듯,
당신의 아들에게 하나님의 뜻과 진리의 싹을 슬며시 베풀어
기름진 땅에 뿌려주시는
오오 계성 우리 어머니

「찬가」 중에서

5 목련꽃 그늘 아래서

목련꽃 그늘 아래서
베르테르의 편지를 읽노라
구름꽃 피는 언덕에서 피리를 부노라
아 멀리 떠나와 이름 없는 항구에서
배를 타노라
돌아온 4월은 생명의 등불을 밝혀든다
빛나는 꿈의 계절아
눈물어린 무지개 계절아

목련꽃 그늘 아래서
긴 사연의 편질 쓰노라

클로버 피는 언덕에서 휘파람 부노라

아 멀리 떠나와 깊은 산골 나무 아래서

별을 보노라

돌아온 4월은 생명의 등불을 밝혀든다

빛나는 꿈의 계절아

눈물어린 무지개 계절아

「4월의 노래」

첫 사랑의 느낌은 목련꽃 향기와 함께 그윽하게 다가왔다. 목월이 열다섯 번째로 맞는 봄은 소년의 마음을 한결 들뜨게 했다. 목월이 다니던 교회의 담장 너머로 핀 목련의 순결한 빛깔은 참으로 고매하기 그지없었다. 정문으로 가는 길 양쪽 뜰에도 목련이 피어 마치 하얀 등불을 켜든 가로등 같았다.

그녀를 교회에서 다시 만나게 된 것은 기적이었다. 성씨가 석(昔)이라고 했던 그녀는 초등학교 때 목월네와 담 하나를 사이에 두고 이웃에 살던 미소가 예쁜 아이였다. 언젠가 어머니를 따라 먼 친척집에 놀러 간 일이 있었는데 어찌된 셈인지 그녀도 함께 따라오게 되었다. 친척집 뒤뜰에는 큰 연못이 있었다. 목련꽃이 한창이었다. 그 뜰에 높은 포구나무 한 그루 가서 있었고 둘은 거기서 그네를 탔다. 그네를 타고 출렁거리는 나뭇가지 사이로 너울거리던 그녀의 모습. 그녀는 하늘에서 내려온 천사였다. 대구로 유학을 떠나오면서 다시는 그녀를 볼 수 없었고, 그 사이 그녀도 아버지를 따라 고향 땅 감포로 이사를 갔다고 했다.

목월은 하얀 등불 사이로 걸어가는 그녀를 다시 보는 순간 숨이 멎을 것 같은 아득한 현기증을 느꼈다. 단아한 몸가짐에서 풍겨져 오는 성숙한 여인의 향기가 이미 그녀의 온 몸을 감싸고 있었다. 어릴적의 그 예쁜 미소도 그대로 간직하고 있었다. 난생 처음 소년은 가슴 아픈 사랑의 예감을 통증처럼 느꼈다. 그녀는 목월보다 세 살이나 연상의 여인이었던 것이다. 연상의 처녀 지나이다를 사랑한 열다섯 살 소년 블라디미르의 운명은 러시아 작가 투르게네프가 이미 그의 소설 「첫사랑」에서 예언한 바 있다. 아버지 페트로비치는 아들 블라디미르에게 경고하지 않았던가?

"여자의 사랑을 두려워하라. 그 행복을, 그 독을 무서워하라!"

목월은 그녀에게 특별한 존재가 되고 싶었다. 그렇다고 가슴이 터질 듯한 사랑의 격정을 그녀에게 고백할 용기는 없었다. 그렇잖아도 과묵한 목월은 점점 말수가 적어지고 내면의

사랑의 열병을 앓던 목월(오른 쪽)의 계성 시절.

싸움은 점점 더 격렬해졌다. 목월에게 그녀는 이미 정해진 운명이었다. 불면증이 심각해지며 목월은 새벽마다 앞산에 올라가 그녀의 이름을 부르는 일이 중요한 일과가 되었을 정도였다.

주일 예배가 있는 일요일은 일주일 중 가장 행복한 날이었다. 그녀를 가까이에서 바라보며 얘기를 나눌 수 있는 시간이었기 때문이다. 그녀가 목월에게 다가와 말을 걸었다.

"영종이 너 시를 잘 쓴다고 교회에 소문이 자자하더라."

"글쎄, 별로 잘 쓰는 건 아닌데...... 그냥 좀......."

그녀 앞에 있으면 목월은 자꾸 말을 더듬었다.

"열심히 공부해서 빨리 졸업하고 훌륭한 시인이 되길 바래. 그리고 다른 것은 그때 가서 생각해도 늦지 않아."

"......."

목월의 짝사랑을 눈치라도 챈 것일까? 그녀에게 목월은 그저 사랑스러운 소년일 뿐이었던 것이다. 목월의 얼굴은 화끈 달아올랐다.

계절이 옷을 갈아입고 어느새 겨울을 맞을 채비를 하고 있을 때, 목월은 더 이상 견딜 수가 없었다. 같은 교회에 다니며 음악을 좋아하던 친구 한 군과 함께 은백양나무 아래에 앉았다. 은백양나무 아래는 목월만의 비밀스런 장소였다. 성격이

침착하고 성실했던 한 군은 가끔 목월의 자취집에 찾아와 함께 공부도 하고 때로는 자고 가는 친구이기도 했다. 두 사람의 화젯거리는 단연 사랑이었지만, 인생과 문학, 장래에 대한 고민들을 허물없이 나누는 사이였다.

목월은 그녀를 사모하는 안타까운 심정과 그동안 있었던 일을 한 군에게 솔직하게 털어놓았고, 한 군은 그 이야기를 자신의 일처럼 가슴 아파하며 진지하게 들어주었다. 이야기를 듣고 있던 한 군은 비통한 심정으로 긴 한숨을 내 쉬었다. 고통스러운 가슴앓이로 밤을 지새웠을 친구의 아픔을 자신이 느끼기라도 하는 듯.

한 군은 그것이 이루어 질 수 없는 사랑임을 이미 알고 있었던 것이다. 석 선배가 내년에 졸업을 하고 곧장 결혼할 것이라는 소문을 이토록 열병을 앓고 있는 친구에게 차마 꺼낼 수는 없었다. 당시는 조혼(早婚)이 예사였으므로 학교를 졸업하고 곧 결혼한다는 것이 결코 이상한 일이 아니었다.

겨울방학을 마치고 대구로 돌아온 목월을 기다리는 건 청천벽력 같은 소식이었다. 한 군이 조심스레 말을 꺼냈다.

"석 선배가 결혼한다던데……."

"뭐라고? 석 선배가 결혼을? 설마 그럴 리가……."

거짓이길 간절히 바랐건만, 그것은 사실이었다. 목련꽃 향

목련꽃이 흐드러지게 폈건만, 그것은 눈물어린 무지개 계절이었다.

기가 바람에 흩날리던 날, 교회에서는 웨딩마치가 울려 퍼졌다. 맑게 갠 토요일 정오였다. 목월은 한 군과 함께 먼발치에서 그녀의 모습을 바라보았다. 웨딩드레스를 입은 그녀는 유별나게 아름다워 보였으나, 어쩐지 목월의 눈에 그녀의 얼굴은 그리 행복해 보이지 않았다. 도저히 있을 수 없는 일이 눈앞에 벌어졌다고 생각한 목월은 견딜 수가 없었다. 그녀의 옆자리는 당연히 자신이 서야할 자리라고 믿었기 때문이었다.

그녀를 처음 만났던 것도 목련꽃이 흐드러지게 핀 봄날이었다. 그리고 목월은 남몰래 오랫동안 짝사랑의 가슴앓이를 해야 했었다. 계절이 몇 바퀴나 돌아 하얀 목련이 다시금 찬란한 꽃봉오리를 열어젖혔건만, 그 사랑은 다른 남자의 신부가 되어 예배당을 걸어 나가고 있었다.

"영종아, 네 마음 아픈 건 알지만, 빨리 마음 다잡지 않으면 큰 일 난다."

"이제 아무 것도 필요 없다……."

목월은 두 손으로 머리채를 움켜쥐고 고개를 떨어뜨렸다.

"여자가 인생의 전부는 아니다."

"이제 다 필요 없다니까…… 아무 것도 이제 소용없다……."

목월이 비명 같은 울음을 삼키고 있을 때 목련은 어느새 그늘을 만들어 봄철의 따가운 햇살을 가려주고 있었다.

한 군은 그 날 저녁 집으로 가지 않고 목월의 자취방에서 같이 밤을 지새웠다. 친구의 극진한 배려와 위로가 있긴 했지만, 첫사랑을 잃은 아픔이 남긴 상처는 좀처럼 사그라지지 않았다. 그 상처는 그렇게 연륜이라는 영혼의 나이테를 또 하나 더 새기고 있었다.

슬픔의 씨를 뿌려놓고 가버린 가시내는 영영 오지를 않고…… 한 해 한 해 해가 저물어 질(質)고운 나무에는 가느른 가느른 핏빛 연륜이 감기었다
(가시내사 가시내사 가시내사)

목이 가는 소년은 늘 말이 없이 새까아만 눈만 초롱초롱 크고…… 귀에 쟁쟁쟁 울리듯 차마 못잊는 애달픈 애달픈 웃녘 사투리 연륜은 더욱 새빨개졌다
(가시내사 가시내사 가시내사)

이제 소년은 자랐다 구비구비 흐르는 은하수에 꿈도 슬픔도 세월도 흘렀건만…… 먼 수풀 질고운 나무에는 상기 가느른 가느른 핏빛 연륜이 감긴다
(가시내사 가시내사 가시내사)

「연륜(年輪)」

1933년 계성의 문예반 시절. 농구선수로도
활약했던 목월은 가운데의 키가 큰 학생이다.

첫 사랑을 멀리 떠나보내고 목월은 농구부에 들어가 미친 듯이 운동에 몰두했다. 한 여름 소낙비 같았던 이별의 슬픔도 서서히 물러갔다. 농구 실력도 일취월장하여 3학년 때부터는 학교 대표 선수로 뛰게 되었다. 4학년이 되었을 때 목월은 주장을 맡게 되었고, 그 해 계성학교 농구부는 경상도 대표로 선발되어 서울 원정에 참가하는 영예를 얻게 되었다. 운동을 하면서도 동시에 대한 그의 열정은 끊이지 않았다. 서울 원정의 기회를 틈 타 목월은 아동잡지사 〈소년중앙〉을 찾아가 윤석중 선생도 만났다. 무엇보다도 이 긴 슬픔의 시간을 견뎌내는 데 있어 그에게 가장 큰 힘이 되어 준 것은 다름 아닌 문학이었다. 그 무렵 목월은 릴케의 시에 푹 빠져 있었다. 그가 앓는 청춘의 고통스러운 시련에 대해 릴케는 이렇게 말해 주고 있었다.

"인간이 인간을 서로 사랑한다는 것, 그것은 우리에게 부과된 최후적이며 마지막 시련이고 시험이다."

그녀는 행복한 결혼생활을 할 것이란 예감과는 달리 결혼에 실패했다고 했다. 그리고 친정인 경주로 돌아가 외롭게 살고 있다는 소식을 전해 준 것은 여러 해가 지난 후 고향에서 불어온 봄바람이었다.

6 인연

목월은 1935년 3월에 5년간의 정규과정을 마치고 계성학교를 제23회로 졸업했다. 학교를 졸업한 바로 그 해 5월에 경주동부금융조합에 취직해서 서기 일을 맡게 되었다. 고향에서 일하게 된 건 좋았지만, 은행에서 돈 계산하는 일은 적성에 잘 맞질 않았다. 사무실에서 주판알을 튕기며 지루한 시간들을 보내다 하숙집에 돌아와 시 노트를 꺼내 들면 겨우 숨통이 트이는 날들이었다. 유년기를 경주에서 보내긴 했지만 고향 친구들도 뿔뿔이 흩어져 경주에는 마음을 터놓고 애기를 나눌 사람이 아무도 없었다.

미치도록 외로운 시간이었다. 어느 날부터인가 목월은 자전거를 타고 경주 일대를 돌아다니기 시작했다. 그녀가 궁금했던 것이다. 하루는 반월성과 안압지, 불국사로 가 보기도 하고, 다른 날은 남산 방면으로 방향을 돌려 보기도 하고, 감포 앞바다 쪽으로 호기롭게 페달을 밟을 때도 간혹 있었다. 경주에서의 자전거 여행은 확실히 목월에게 새로운 삶의 활기를 불어넣어 주었다. 천년 고도의 문화 유적지에서 느끼는 감흥은 예사롭지 않았고, 왕릉에 피어나는 풀 한 포기나 야생초 한 송이, 아무렇게나 굴러다니는 작은 돌멩이나 나무 한 그루에도 한없는 애정을 느끼게 되었다. 자전거 여행은 신라의 정취를 따라가는 먼 과거로의 시간 여행이 되기도 하고, 자연을 경외심을 가지고 바라보게도 했다.

목월은 경주의 매력에 점차 빠져들고 있었지만, 근원을 알 수 없는 막연한 그리움은 어찌할 수가 없었다. 홀연히 찾아와 마음을 뒤흔들어 놓고 또 홀연히 사라져가는 정체 없는 감정들이 밀려왔다 밀려가곤 했다. 그런 날은 해가 저물어 캄캄한 시각에도 거리를 배회했다. 경주 땅에서 또 하나의 보물을 발견하게 된 것은 그때였다. 다름 아닌 탑과 왕릉 위로 떠오르는 신비로운 달이었다. 그것은 경주가 아니면 볼 수 없는 달이었다. 해거름 녘에 왕릉의 둥근 실루엣 위로 하얀 얼굴을 내밀며 떠오른 달은 어쩌면 왕릉 속에서 천 년을 넘게 잠들어 있는 이가 매일 밤 감청빛 하늘로 쏘아 올린 원반의 메시지인지도 모를 일이었다. 목월은 그 달에서 끝없이 사모하고 동경하는 이의 모습을 찾아내는 일을 결국 그만두게 되었다. 그때부터 그 달을 우러러보는 자신의 아름다운 마음이 보이기 시작했다. 경주의 달밤은 시인의 가슴에 청청하고 맑은 기운을 차곡차곡 탑으로 쌓아 올리고 있었던 것이다.

배꽃 가지 / 반쯤 가리고 / 달이 가네
경주군 내동면 / 혹은 외동면 / 불국사 터를 잡은 / 그 언저리로
배꽃 가지 / 반쯤 가리고 / 달이 가네

「달」

그러던 어느 날, 무열각(茂悅閣)이라는 요릿집에서 고향친구인 김동리를 다시 만나게 되었다. 동리는 목월보다 2살 연배로 계성학교의 선배였지만 서로 말을 트고 지내는 사이였다. 그러나 목월이 경주에서 그를 다시 만났을 때는, 조선중앙일보 신춘문예에「화랑의 후예」가 당선되어 막 등단한 작가가 되어 있었다. 동리 외에도 김석수와 이기현이라는 작가도 그즈음 경주에 있었다. 그들과 어울려 가끔 술자리를 같이 했던 목월은 그들 속에서도 참으로 외로운 존재였다. 그 자신 혼자만이 아직 제대로 된 작품 하나 못 내고 문단에 데뷔를 못한 상태였

왕릉 위로 떠오르는 신비로운 달,
그것은 경주가 아니면 볼 수 없는 달이었다.

기 때문이었다.

목월은 동리와 어울려 다니는 일이 많아졌고 더러 침식을 같이 하기도 했다. 직장을 파하면 동리와 더불어 '도스토예프스키처럼 장발을 휘날리며' 경주의 선술집이나 음식집을 돌아다니면서 외로운 청춘의 설움을 달래곤 했다. 목월에게 동리는 참으로 소중한 벗이었다. 문학에 대한 갈증을 달래줄 수 있는 벗이었으며, 자신보다 먼저 등단한 작가였기에 선망의 대상이기도 하고 동시에 질투의 대상이기도 했다. 그런 동리가 갑자기 소리 소문도 없이 경주 바닥을 떴다. 다솔사에 잠시 다녀온다던 사람이 한 번 가고 난 후엔 아무런 소식이 없었다.

동리가 다솔사로 떠나버리자 목월은 연희 전문학교의 입학을 준비했다. 원서를 제출하고, 수리조합에 다니던 아버지를 찾아가 상경할 여비만 마련해주면 학비는 벌어서 고학을 하겠다고 했다. 아버지는 염려스런 표정으로 궤짝을 열고 백동전 꾸러미를 꺼내 놓았다. 백동전 뭉치에는 아버지의 삶의 무게가 실려 있었다. 목월은 이 돈 뭉치를 그대로 어머니에게 돌려드렸다. 그리고 30리가 넘는 경주의 직장까지 아득한 길을 따라 걷기 시작했다. 마침 내리기 시작한 봄비가 길벗이 되어 주었다.

그의 시 「봄비」는 겉으로는 한편의 소담한 전원시에 지나지

청년시절의 김동리. 목월 문학의 동반자였다.

않지만 거기에는 소실점으로 멀어져 가는 인간 목월의 모습이 담겨있다. 진학의 꿈도 꺾어지고 동리도 떠나 비어 있는 경주에서 그는 처절한 외로움에 시달렸다. 고도(古都) 경주가 그야말로 고도(孤島) 경주였던 것이다.

조용히 젖어드는 초가지붕 아래서
왼종일 생각나는 사람이 있었다
月谷嶺 三十里 피는 살구꽃
그대 사는 강마을의 봄비 시름을
장독뒤에 더덕순
담밑에 모란꿈
한나절 젖어드는 흙담 안에서
호박순 새넌출이 사르르 피난다

「봄비」

목월의 나이 스무 살이 되자 집안에는 혼담이 오가고 중매쟁이의 발걸음이 잦아졌다. 그러나 어머니를 모시고 선을 보러 다닌 것이 거의 2년이 지났고, 그 사이 수십 번이 넘을 정도로 선을 보았지만 목월은 맘에 드는 처녀를 찾지 못했다.

맘속엔 여전히 그녀를 잊지 못한 채 그 날도 목월은 자전거

페달을 밟으며 왕릉 곁을 지나고 있었다. 그녀와 마주치게 된 것은 한 여름날 저녁 땅거미가 질 무렵이었다. 화들짝 놀란 두 사람은 넋을 잃은 화석처럼 우뚝 서서 서로를 바라보기만 했다. 정신을 가다듬어 목월이 한 발짝 다가갔지만 그녀는 손수건으로 얼굴을 가리고 잰걸음으로 자리를 피하고 말았다. 뒤쫓으며 뭐라 소리쳐도 그녀는 멈추지 않았다. 인연은 이제 이렇게 멀어져 가는 듯 했다.

그러나 또 다른 인연이 옷깃을 스치듯 우연한 만남으로 그에게 다가왔다. 1937년 12월, 성탄절 찬송가가 마음을 훈훈하게 적셔주는 어느 날이었다. 목월은 가까운 금융조합 지소에 출장을 갔다가 기차를 타고 경주로 돌아오는 길이었다. 기차에 오르니 오른 편 가운데쯤의 좌석에는 단아한 기품의 한 여인이 다소곳이 앉아 창밖을 내다보고 있었다. 잠시 눈길을 두었을 뿐인데도, 그녀의 모습은 목월의 마음을 한 순간에 사로잡았다. 목월은 망설이다가 그녀의 맞은 편에 자리를 잡았다. 그녀는 차창 밖을 내다보느라 좀처럼 시선을 돌리지 않았지만 목월은 경주역에 도착하기 전에 몇 마디라도 나누고 싶었다.

"저…… 안녕하세요!"

"……."

그녀는 얼굴을 돌리고 조용히 목례로 답을 했다. 목월은 계속 말을 이어갔다.

“저는 박영종이라고 합니다.”

“아, 네…….”

그녀는 여전히 뜨악한 표정으로 들릴 듯 말 듯 작은 소리로 응답을 했다.

“저는 경주에서 금융조합에 다니고 있습니다. 실례지만, 가시는 곳은 어디신지요?”

“네……. 저…… 집에 가는 중이에요.”

처녀는 목적지가 어디라고는 상세하게 밝히고 싶지 않은 듯했다. 어색하게 침묵이 흐르는 동안 기차는 곧 경주역에 도착했다.

“자, 그럼 안녕히…….”

고개를 끄떡이는 그녀의 입가에 살짝 미소가 번졌다. 처음 보는 여자에게 엉뚱한 얘길 늘어놓은 것 같아 목월은 금방 후회를 했다.

그러나 그 날 밤 목월은 참으로 이상한 꿈을 꾸었다. 어젯밤 기차에서 만난 그 여인을 다시 만난 것이다. 기차에서는 말을 아끼던 그녀가 자신의 이름이 미스 유라고 말하더니 예쁜 미소와 착한 눈동자를 남기고는 다시 만나자고 인사를 하며 떠난 것이었다.

이듬해 어느 봄날이었다. 그날따라 목월은 아침부터 불국사에 가 보고 싶다는 생각이 들었다. 불국사 대웅전 앞마당에서 포근한 봄 햇살을 받으며 혼자서 산책을 하고 있을 때였다. 멀리서 누군가 그를 부르는 소리가 들렸다.

"어이, 박형!"

금융조합의 직장 동료인 김씨가 목월이 있는 쪽으로 걸어오고 있었다.

"아니, 김형, 여기는 어쩐 일이십니까?"

"허허, 제 친지들이 오래간만에 공주에서 오셔서 경주 구경을 시켜 드리고 있는 중입니다."

"아, 그렇습니까?"

일행이 서 있는 곳으로 시선을 옮기다가 목월은 순간 깜짝 놀라고 말았다. 지난 성탄절 날 경주로 오던 기차간에서 인사를 나눈 바로 그 처녀였다. 그녀도 목월을 보더니 적잖이 놀라는 눈치였다.

"이 분은 제 형수님 되시는 분이고, 옆에 계시는 분은 형님의 처제 되는 분이십니다."

그들은 목월에게 목례를 했다.

"안녕하십니까, 박영종이라고 합니다."

목월이 인사를 건네자 그녀는 구면이라는 듯이 살짝 웃음을 지었다.

“박형, 우리 형님 처제 되시는 분 참 미인이지요? 얼마 전에 공주에서 여학교를 졸업한 유익순(劉益順)양입니다. 그러고 보니 두 분 다 미혼이신데, 지금이라도 제가 중매를 설까요? 허허.”

목월은 그녀의 이름을 듣는 순간 또 한 번 더 놀라지 않을 수 없었다. 꿈속에서 만났던 그녀가 자신의 이름을 미스 유라고 소개하지 않았던가? 이 기이하고 운명적인 만남 앞에 그는 진한 전율을 느꼈다.

7 등단과 방황

열여덟 살 수줍은 처녀였던 유익순은 하늘이 점지해 준 목월의 천생연분이었다. 둘은 1938년 5월 20일 아내의 고향 교회인 공주 제일교회 예배당에서 결혼식을 올렸다. 경주에서 단칸 셋방을 얻어 신접살림을 꾸미고 첫 아이의 돌을 지내기도 전에 두 번이나 이사를 다니는 고달픈 생활이었지만 행복했다.

1939년은 박목월에게 잊을 수 없는 소중한 해가 되었다. 그 해에 첫 아들 동규가 세상에 태어났고, 또한 그의 시가 문단의 권위 있는 잡지 〈문장(文章)〉지에 추천되면서 등단의 길이 열렸던 것이다.

집배원이 배달해 준 두툼한 봉투에는 〈문장〉 9월호와 원고료가 들어있었다. 원고료는 5원이었다. 그 당시에는 쌀 한 가마 값이 조금 더 되는 액수였다. 그리고 〈문장〉 9월호에는 그의 시 「길처럼」과 「그것이 연륜(年輪)이다」 두 편이 실려 있었다. 활자화된 그의 첫 작품인 「길처럼」이 실린 〈문장〉의 '찬란한 지면'을 목월은 기쁨에 도취되어 몇 번이나 혼자 읽고 또 읽었다.

어릴적 하찮은 사랑이나
가슴에 백여서 자랐다.

질 곱은 나무에는 자주 빛 연륜이
몇 차례나 몇 차례나 감기었다.
새벽 꿈이나 달 그림자처럼
젊음과 보람이 멀리 간 뒤
……나는 자라서 늙었다.
마치 세월도 사랑도
그것은 애달픈 연륜이다.

「그것은 연륜이다」

목월의 시를 추천해준 이는 시 「향수(鄕愁)」로 유명한 정지용 시인이었다. 목월은 존경하는 선배 시인의 시평을 꼼꼼히

읽어 내려갔다. 정지용 시인은 "등을 서로 대고 돌아앉아 눈물 없이 울고 싶은 리리스트를 만난 듯하다."고 평하며 목월 시에 나타난 강한 서정성을 칭찬했다. 그리고 이어지는 글에는 뛰어난 서정적 감성을 타고난 후배 시인 목월의 시적 재능이 행여나 풍파에 시달려 꽃 피우지 못할까 우려해 "모름지기 시인은 사자처럼 강해야 하지요."라는 따끔한 충고를 남겼다. 목월은 선배 시인의 시평을 가슴 깊이 새겨두었다.

두 번째 출품한 시 「산그늘」을 추천 받은 것은 그 해 12월이었다. 서정적이면서 향토색이 짙은 시 「산그늘」은 민요적인 리듬과 의성어들을 적절하게 잘 살린 시였다. 역시 추천자인 정지용은 목월의 시가 "제련되기 전의 석금(石金)과 같아서 돌이 금보다 많았습니다."라는 평을 내놓았다. 이는 시어를 좀 더 정연하게 다듬을 필요성을 강조하는 동시에 신인 시인의 시 속에서 사금파리같이 반짝이는 시적 재능이 여전히 녹아있다는 것을 말해주는 평이었다.

문단에 등단하기 위한 마지막 관문을 통과하는 데는 첫 추천 이후로 꼬박 1년이라는 시간이 걸렸다. 1940년 9월에 목월은 시 「가을 어스름」으로 세 번째 추천을 받았고, 이로써 정식으로 한국문단에 등단한 시인이 되었다. 해질녘 늦가을의 정취를 밤비둘기의 쓸쓸한 울음소리와 어머니에 대한 그리움으

시인 정지용은 북에 김소월이 있다면
남에는 박목월이 있다고 그의 시를 추천했다.

로 그려낸 시 「가을 어스름」은 첫 추천작인 「길처럼」에서 느낄 수 있었던 우수에 찬 서정이 아직도 많이 남아 있었다.

사늘한 그늘 한나절
저물을 무렵에
머언산 오리목 산길로
살살살 날리는 늦가을 어스름

숱한 콩밭머리마다
가을 바람은 타고
청석(靑石) 돌담 가으로
구구구 저녁 비둘기

김장을 뽑는 날은
저녁밥이 늦었다
가느른 가느른 들길에
머언 흰 치마자락
사라질듯 질듯 다시 뵈이고
구구구 구구구 저녁 비둘기

「가을 어스름」

목월의 추천을 완료하며 정지용은 신인 시인에게 이렇게 아낌없는 찬사를 보냈다. 정지용은 목월 시에서 한국 시의 민요적 리듬감이 두드러진 특징이 장점인 동시에 약점이 될 수도 있음을 지적했다. 그러면서도 '석금' 속에 묻혀있던 빛나는 금맥을 찾아낸 듯이 반겼다.

> 북에 김소월이 있거니와 남에 박목월이 날만하다. 소월의 툭툭 불거지는 삭주 구성조는 지금 읽어도 좋더니 목월이 못지않아 아기자기 섬세한 맛이 좋다. 민요조에서 시에 진전(進展)하기까지 목월의 고심이 크다. (중략) 요적 수사(謠的修辭)를 다분히 정리하고 나면 목월의 시가 바로 조선시다.

이제 막 시작된 시인의 새로운 인생길은 영광스럽기도 하지만, '남도 삼백리'보다 더 멀고 외로운 고난과 역경으로 점철된 여정이 될 지도 모르는 일이었다. 이미 일제 강점기 말기의 어두운 그림자가 한국 사회 전반에 먹구름을 짙게 드리우고 있던 시기였다.

목월은 금융조합에 사표를 제출하고 유학을 준비했다. 당시 동경 유학은 새로운 예술 세계와 직접적으로 대면해 최신의 문예기법을 익힐 수 있는 기회이기도 했다. 문학청년 목월에

금융조합에 사표를 제출하면서 목월은 방황의 시간을 보낸다.

게도 그것은 꼭 이루고 싶은 꿈이었다. 좀 더 체계적으로 문학 공부를 하고 평소 꿈꾸어 왔던 그림 공부도 시작하고 싶었다. 그러나 처자식이 딸린 몸이라 쉽게 결정할 수가 없었다. 유학 자금 마련도 큰일이었다. 목월은 금융조합에서 일하던 초반기에 고객에게 너무 많은 돈을 지불하는 큰 실수를 저지른 적이 있었다. 그 돈의 손해액을 메우기 위해 월급에서 3분의 2를 3년간 매달 제하느라 그동안 생활비조차 빠듯했던 터였다. 그럼에도 불구하고 유학을 결심하게 된 것은 아내의 적극적인 권유 때문이었다.

도쿄(東京)에 도착한 것은 1940년 4월 13일. 목월은 먼저 유학 와 있던 계성학교 동기인 신 군의 도움을 얻어 숙소를 구했다. 그를 통해 다른 문학청년들을 소개받아 자연스럽게 친해지게 되자 함께 술자리를 하는 일도 많아졌다. 새로 사귄 친구들과 허심탄회하게 문학을 논하며 시간을 보내는 일은 그동안의 지적 갈증을 일시에 해소해 주는 것 같아 좋았다. 경주에서는 느끼지 못했던 세련되고 도회적인 일본의 거리 분위기에도 매료되었다. 술자리가 잦아지면서 집에서 가져온 돈의 씀씀이도 커지고 생활 리듬도 흐트러지는 건 당연지사였다. 둘은 학교에 나가기보다는 독서와 창작에 몰두하며 나날을 보냈다. 가져갔던 학비 3백 원은 금세 바닥이 났다.

나중에는 학생 7~8명이 변두리 밀크홀 2층 8조 다다미방 하나를 얻어 한 방에서 함께 자취생활을 하는데 합류를 했다. 이때 목월은 필경(筆耕)으로 생활비를 벌었다. 한 장을 긁으면 15전의 삯을 받는 일이었다. 하루에 열 장을 긁게 되면 하루 1원 50전의 소득을 볼 수 있는 아르바이트. 비록 적은 돈은 아니었으나 돈이 들어오면 같은 방 식구들의 먹고사는 문제부터 해결해야 했다. 그리고 또 내일 걱정을 했다.

이 무렵 그는 동보(東寶) 영화촬영소에 드나들며 시나리오에도 흥미를 가지게 되었다. 또 몇 편의 시네·포엠을 써보기도 했다. 이런 예술적 방황은 30대 중기부터 자신의 작품세계에 시각적인 영상이 두드러지게 중시된 이유가 되었다.

목월은 두어 달 정도 동경에 머물면서 새로운 문학 경향에 눈 뜨는 경험을 했다. 일본 문학이나 서구의 새로운 문학 경향은 목월의 시적 감성으로 받아들이기엔 너무 낯설고 지나치게 파격적인 경향이었다. 향토색 짙은 목월의 시세계는 그러한 경향들과는 거리가 멀었던 것이다. 결국 시는 남에게서 배우는 게 아니라 혼자 공부해서 스스로 터득할 수밖에 없는 세계임을 깨달았다. 예술이란 학교 교육에 의해 이루어지는 것이 아니라 혼자 공부해서 깨우치는 것이 옳다는 확신을 얻게 되자, 그는 짐을 꾸려 곧장 고국으로 돌아왔다.

가을이 되어 경주로 돌아온 목월은 그동안 혼자 짊어진 삶의 무게를 견디느라 고달팠을 아내의 마음을 달랬다. 비록 아내가 바랐던 공부를 못하고 중도에 돌아와 조금은 면목이 없게 되었지만, 그 결단에 대해서는 후회가 없었다.

목월은 지난 봄에 호기롭게 휴직서를 내고, 동료들에게 거창하게 작별 인사를 하고 유학을 떠났던 터라 곧바로 금융조합에 복직을 하기엔 왠지 멋쩍고 쑥스러워 조금 더 말미를 가지기로 했다. 그래서 조국의 산천을 돌아보고, 동해의 푸른 바다가 보이는 해변을 따라 한 달 정도 도보 여행을 떠나는 계획을 세웠다. 이 여행의 동반자는 계성학교 시절 누구보다 절친하게 지내며 인생의 상담자 역할을 해줬던 한 군이었다. 학창시절 음악을 좋아하더니 결국 바이올린을 전공하여 음악의 길로 나선 친구였다.

온갖 관계들의 사슬에 칭칭 감긴 채 정해 놓은 목적지를 향해 앞으로만 달려가던 삶의 궤도를 잠시 벗어났다. 목월은 비로소 자유로운 나그네가 된 기분이었다. 여행을 떠난다는 것은 여행 그 자체만이 목적이었다. 정처 없이 유랑하고 떠돌며 흙냄새에 취하고 푸른 바다 빛에 마음을 다 빼앗겨도 마냥 행복할 수 있어 좋았다. 가을날의 따가운 햇살 세례를 받으며 동해안을 따라 강원도로 달렸다. 거기서 만났던 조국 산천의 아름다운 자연은 목월의 시심을 형성하는 밑거름이 되었다. 바닷가 모래사장에서도 잠을 청했다. 바다의 깊은 심연에서부터 들려오는 웅웅대는 소리에 귀 기울일 수 있었다. 고독하고 장엄한 그 거대한 존재에 대한 경이로움에 몸을 떨었다.

그물에 걸려든 고기 떼들의 힘찬 몸부림으로 새벽을 여는 바닷마을 사람들의 투박하고 끈질긴 삶의 현장은 경건하기조차 했다. 어부들의 얼굴에 굵게 패인 주름살, 억샌 힘줄이 도드라진 손아귀에서는 억척스럽게 삶을 일구어온 흔적을 엿볼 수 있었다. 부둣가의 새벽은 긴장감과 설렘이 감돌았다. 그 새벽처럼 싱그럽고 활기에 넘치는 시를 쓰고 싶은 욕망이 갓 잡은 바다 고기처럼 시인의 가슴 속에서 펄떡거리며 몸부림치고 있었다.

산골 마을에서 저녁을 맞으면 아무 농가에나 들어가 하루 밤 머물기를 청했다. 가난한 농민들은 생면부지의 두 청년을 제 자식 거두듯 반가이 맞아 후덕한 인정을 베풀어 주었다. 옛날부터 목월의 고향 마을 사람들도 찾아온 낯선 나그네들을 사랑방에 모시고 극진한 대접을 해서 보냈었다. 그들의 인심은 나그네 되어 떠도는 외지 마을 사람에게 그대로 전해졌다. 여행지에서 만나는 사람들이 베푼 은혜는 인연이라는 황금빛 수레의 바퀴가 되어 목월의 가슴 속에서 빙글 빙글 돌아가고 있었다. 한 달이 채 못 된 여행이었지만 목월의 마지막 목적지는 동해안의 어촌마을 감포였다. 꿈에도 잊을 수 없었던 그녀

기러기 울어 예는 하늘 구만리
바람이 싸늘 불어 가을은 깊었네.

의 체취가 남아있을까 발길이 절로 다다른 곳이었다.

목월은 한 군과 함께 그녀의 이야기를 하며 밤을 새웠다. 날이 밝아 올 때 쯤 그는 동해바다의 새벽을 향해 서럽게 울었다. 그리고 기러기가 날아가는 하늘 구만리를 향해 「이별의 노래」를 토해냈다. 목월은 그렇게 그녀를 떠나보냈다.

얼마 후 그녀가 죽었다는 소식을 전해 준 것도 고향에서 불어 온 봄바람이었다.

기러기 울어예는 하늘 구만리
바람이 싸늘 불어 가을은 깊었네
아아 아아 너도 가고 나도 가야지

한낮이 끝나면 밤이 오듯이
우리에 사랑도 저물었네
아아 아아 너도 가고 나도 가야지

산촌에 눈이 쌓인 어느 날 밤에
촛불을 밝혀두고 홀로 울리라
아아 아아 너도 가고 나도 가야지

8 청노루

노란 산수유 꽃이 차가운 바람에 꽃잎을 떨고 있던 1942년의 어느 봄날, 목월은 서울에서 온 편지 한 통을 받았다. 봉투를 열고 편지지를 꺼내 펼쳐드는 순간 목월의 입에서는 저절로 탄성이 터져 나왔다. 유려하고 단아한 필체로 써 내려간 유장한 문장에서 묻어나는 세심한 정성이 받는 이의 마음을 감동케 했다. 조지훈이 보낸 편지였다. 〈문장〉지에 목월보다 먼저 등단하여, 후에 「승무」라는 시로 한국 시문단의 거성이 된 바로 그 조지훈 시인이었다. 목월은 평소 그에 대한 얘기는 많이 들었지만 한 번도 만나보지 못했던 터라 그가 어떤 사람인가 무척 궁금하던 차였다. 먼저 안부를 물어온 조지훈에게 목월은 곧바로 회신을 보냈다. 빠른 시일 내에 경주에서 꼭 만나

뵙기를 소원한다는 내용이었다.

지훈이 오기로 한 날, 역에서 그를 기다리는 목월의 마음은 흡사 오랫동안 그리워하던 임을 만나기라도 하듯 몹시 설레고 있었다. 두 사람은 이전에 한 번도 일면식을 한 적이 없는 사이였지만 단번에 서로 상대를 알아봤다.

"조지훈 선생, 이 먼 곳까지 오시느라 고생이 많으셨지요?"

"박목월 선생, 내 오래 전부터 선생의 시를 읽고 경주 땅을 한번 밟아 보고 싶었습니다."

"혹시 선생을 알아보지 못하는 실례를 범할까 노심초사했는데, 먼발치에서도 한 눈에 알아 볼 수 있었답니다."

"박 선생에게는 사람을 알아보는 혜안이 있는 게로군요. 허허."

그 날 밤 두 사람은 월성 여관에다 숙소를 정하고 밤새도록 얘기를 나누었다. 새벽이 밝아오는 줄도 모르고 두 시인은 서로에게 자작시를 보여주며 시를 논하였다. 다음 날 둘은 불국사를 구경하고 나서 석굴암을 보기 위해 토함산에 올랐다. 이른 봄이었지만 진눈깨비가 흩날리는 쓸쓸한 날이었다. 두 사람은 토함산 마루턱에 있는 바위에 걸터앉았다. 오는 길에 주막에서 마셨던 막걸리 탓에 서서히 취기가 올랐다. 지훈은 서글픈 눈길로 한참동안 먼 산을 바라보다가 목월에게 말을 걸었다.

"목월, 난 곧 월정사(月精寺)라는 절로 들어갈까 합니다."

"일본 경찰들의 감시 때문에 그러는 거요?"

"그 때문만은 아니요. 나라가 망했는데…… 시를 쓴들 뭘 하겠소?"

두 사람 사이에 한 순간 정적이 흘렀다. 진눈깨비가 이마에 내려앉자 차가운 기운이 온 몸에 전해졌다.

"그러게 말입니다. 시를 써도 발표할 데도 없고, 읽어 주는 이도 없는데……."

"……."

목월은 말없이 먼 데를 바라보고 있는 쓸쓸한 지훈의 옆모습을 가만히 쳐다보았다. 그리고 대뜸 큰 소리로 말했다.

"지훈, 우리가 언제 뭘 하려고 시를 썼습니까? 그저 시가 좋았을 뿐이지요."

목월의 큰 소리에 화들짝 놀란 지훈은 빙긋이 웃었다.

"그렇긴 하지요. 허허."

지훈은 소탈하게 웃었지만, 그 웃음소리는 참으로 허전한 것이었다.

그렇게 지훈은 보름 동안 경주에 머물다 서울로 돌아갔다. 떠나면서 지훈은 「완화삼(玩花衫)」이라는 시에 '목월에게'라는 부제를 달아 목월에게 남겼다. 목월은 지훈의 시에 깊은 감명을 받고 그를 위해 화답시를 쓰기 시작했다. 이렇게 해서 탄생한 것이 「나그네」라고 하는 불후의 명작이다.

지훈과 목월의 우정이 낳은 이 두 편의 걸작은 우리나라 시문단의 역사에 길이 남을 귀중한 명시가 되었다. 지훈의 '완화삼'에게서는 정처 없이 길을 떠나면서 방황할 수밖에 없었던 그 시대 지식인들의 외로움이 진하게 묻어나고 있다. 그러나 목월의 '나그네'는 특정한 시대와 한정적인 공간을 초월한 대자유인으로서 온 우주의 삼라만상과 합일을 이루고자 하는 인간의 모습을 보여주고 있는 것이다.

지훈은 몇 달 후 일제에 저항하는 사람들이 모여 결성했던 조선어학회 사건에 연루되어 일본 형사에 쫓기는 신세가 되었다. 그는 월정사로 떠난다는 편지를 목월에게 보낸 것을 마지막으로 오랫동안 연락을 끊고 은둔했다. 한국 언론과 예술계에 대한 일제의 탄압은 날로 심해져 갔다. 문학잡지인 〈문장〉도 폐간되고, 〈동아일보〉와 〈조선일보〉도 더 이상 서슬 퍼런 일제의 강압을 견디지 못하고 문을 닫아야 했다. 등단한 지 얼마 되지 않은 목월은 자신의 시 작품을 발표할 터전까지 잃어버리고 절망에 빠졌다. 일제는 한국 사람들에게 한글 사용을 금지시키고 일어를 사용할 것을 강요했고, 이름마저도 일본 이름으로 창씨 개명할 것을 강제적으로 요구했다.

완화삼(玩花衫)

조지훈

차운산 바위위에 하늘은 멀어
산새가 구슬피 울음 운다.

구름 흘러 가는
물길은 칠백리

나그네 긴 소매 꽃잎에 젖어
술 익는 강마을의 저녁 노을이여.

이 밤 자면 저 마을에
꽃은 지리라

다정하고 한 많음도 병인양하여
달빛아래 고요히 흔들리며 가노니….

나그네

박목월

강나루 건너서
밀밭 길을

구름에 달 가듯이
가는 나그네.

길은 외줄기
남도 삼백 리

술 익는 마을마다
타는 저녁놀

구름에 달 가듯이
가는 나그네.

목월은 한글로 쓴 시들이 일본 형사에게 발각될 경우에는 모두 강제로 빼앗길 것이라는 사실을 알고 있었다. 그는 시를 땅에 파묻기로 결심했다. 땅을 파고 항아리를 묻고 그 안에 시 노트들을 차곡차곡 쌓아둔 후 흙을 덮으며 그는 울분을 토하지 않을 수 없었다. 어둠 속에 갇힌 소중한 시 노트들을 생각하며 매일 밤 바위를 갈아 거울을 만드는 심정으로 그 힘든 시기를 살았다.

그렇게 묻어 둔 항아리 속에서 시 노트를 꺼낸 것은 1945년 8월 15일, 대한민국이 일제의 압제에서 완전히 해방되었다는 감격스러운 소식이 경주 시골마을에도 전해진 뒤였다. 시 노트를 품에 꼭 끌어안은 목월은 북받쳐 오르는 감정을 참을 수가 없었다.

졸업 후 만 10년만인 그해 겨울, 목월은 모교인 계성중학교 국어 교사로 초빙되어 대구로 이사를 하게 되었다. 학교에서 제공한 사택은 대구시 동인동 1번지였다. 그 사이 모교의 교정은 몰라보게 많이 변해 있었다. 그동안 핸더슨 관이 완공이 되었고, 다른 신축 교사들도 몇 채 더 들어서 있었다. 목월은 은백양나무부터 찾았다. P.Y.C.! 그가 나무 허리에 새겨둔 학생 시절의 꿈의 흔적이 여전히 그를 기다리고 있었다. 형언할 수 없는 감회에 젖었다. 동시를 쓰며 문학가의 꿈을 키웠던 소년

시절, 헤르만 헷세와 마리아 릴케에 푹 빠져 밤잠을 설쳤던 그 시절의 추억이 물밀듯이 밀려왔다. 한 여인을 사랑하다 밤이면 베개를 눈물로 흠뻑 적셨던 기억도 아련히 떠올랐다. 십 년의 세월이 지나는 동안 계성학교의 모습도 많이 변하고 나무들도 키가 훤칠하게 큰 것처럼, 그도 이미 문단에 추천을 받아 꽤 이름이 알려진 시인이 되어 있었던 것이다.

그는 대구에서 학교의 울타리 안에만 머물지 않았다. 왕성한 문학 활동을 하며 지역문학 발전에도 크게 기여했다. 이영식 목사와 조선아동회를 결성하여 〈아동〉이라는 기관지를 발간했는가 하면, 김진태, 황윤섭, 윤계현, 김성도, 이윤수, 최해룡, 이숭자, 오난사, 김동사 등의 문학인들과 교류를 했으며, 최해종이 회장을 맡은 경북 예술가 협회 발족 때는 이호우와 함께 부회장을 맡아 대구 사회에서의 보폭도 그 넓이를 더해갔다.

서울에 올라갈 일도 더 자주 생겼다. 좌익 진영의 문학가 동맹에 맞서 순수문학을 지향하는 민족주의 진영에서 '조선청년문학가협회'를 결성한 것이었다. 이 단체의 회장은 목월과 막역한 사이인 김동리가 맡았고, 회원들은 곽종원, 조연현, 조지훈, 이한직, 최태응 등이었다.

목월은 그 날도 차양 넓은 검은 중절모에 신사복을 차려입고 서울역에 내려 목적지인 영보빌딩으로 향했다. 그곳에는 당시 학생들을 위한 잡지인 〈주간 소학생〉을 편찬하는 을유출판사가 있었다. 출판사의 문을 열고 들어서자 그를 보고 환한 미소를 머금은 채 자리에서 일어나는 사내가 있었다. 목월은 직감적으로 그가 바로 박두진이라는 것을 알아 차렸다. 그는 일제 탄압기의 암흑 속에서 "해야 솟아라, 해야 솟아라, 곱고 앳된 얼굴 밝은 해야 솟아라" 라고 노래하며 조국의 광복을 재촉했던 바로 그 시인이었다. 박두진의 조금 여윈 듯한 모습은 한 마리 고고한 학이 지상에 내려온 모습을 연상시켰다. 두 사람은 〈문장〉지를 통해 서로의 작품에 대해서는 이미 잘 알고 있었지만, 이렇게 얼굴을 대하고 실제로 만나는 것은 처음이었다. 첫 인상에서부터 목월은 박두진에게서 강한 호감과 동질감을 느꼈다.

"목월 선생, 혹시 조풍연씨를 아시는지요?"

"예, 예전에 후라워 다방에서 한 두 차례 만나 뵌 적이 있지요."

"그 분께서 세 명의 시인이 함께 내는 시집을 발간해 보는 게 어떻겠냐고 제안을 해 오셨어요. 다시 말해 삼인 시집인 게지요."

"그래요? 그것 참 참신한 생각이군요."

"저는 그 얘길 듣자마자 박목월 선생이 이에 합당한 적임자라고 여겼는데, 목월 선생께서는 어떠신지요?"

"송구스럽습니다. 삼인 시집 편찬에 제 이름 석자도 함께 낄 수만 있다면 더 할 수 없는 영광이지요."

"우리 두 사람의 시는 자연을 주요 소재로 다룬다는 점에서 상당히 친밀한 데가 있는 것 같습니다만……."

"저도 동감하는 바입니다."

"그렇다면 나머지 한 분은 누가 좋을지? 혹시 추천하실만한 분이 없으신지요?"

"조지훈 시인은 어떻겠습니까? 그의 시라면 우리 두 사람의 시와 아주 잘 어울릴 것 같습니다."

"조지훈 시인이라! 아이구, 내가 왜 여태껏 그 분을 생각하지 못했을까요? 그 분만한 시인을 찾기도 쉽지 않은 일이지요."

"그럼, 오늘이라도 당장 조지훈 시인을 찾아가서 의사를 물어 봅시다."

그 날 바로 두 사람은 조지훈의 집을 찾아갔다. 조지훈은 두진과 목월의 제의를 흔쾌히 받아들였고, 삼인 시집의 성공적인 편찬을 위해 축배를 들자고 제안했다. 그 날 이후로 세 시인은 자주 어울려 다니거나 여관방에서 밤을 보내며 삼인 시집에 대해 상의를 했다. 무엇보다도 가장 중요한 문제는 시집

청록파 시인 조지훈, 박목월, 박두진.

의 제목을 무엇으로 할 것인가 하는 문제였다. 지훈이 먼저 얘기를 꺼냈다. 이미 오래전부터 그에 대해 생각해 둔 바가 있다는 것이었다.

"청록집이라고 하는 건 어떻겠소? 청노루, 푸른 사슴… 뭐 그런 뜻이지요."

자신의 시를 염두에 둔 그 제안에 화들짝 놀라는 목월의 얼굴을 보며 지훈은 이야기를 계속했다.

"뭘 그리 놀라시오? 청록집! 참신하고도 고결한 제목 아니오?"

두진도 무릎을 탁 치며 고개를 끄떡였다.

"좋소, 좋소. 대찬성이오. 목월선생의 청노루라면 우리 세 사람의 시풍을 대표할 만하지요. 일단은 그 제목으로 정해 두도록 합시다."

목월은 끼어들 틈도 없이 제목이 정해지고 말았다. 그리고 아주 정선된 열다섯 편 정도의 작품을 각자 싣기로 했다. 교정은 당연히 출판사에 근무하는 두진의 몫이었다.

그 날 밤 세 사람은 함께 자리를 깔고 누웠지만 아무도 잠들지 못했다. 밤새도록 얘기를 나누다 보니 어느덧 새벽 여명이 방안으로 비쳐 들어왔다. 목월은 문을 열고 밖으로 나왔다. 새벽빛으로 물든 서울 시가지가 그의 눈앞에 펼쳐졌다. 뭔지 모를 짜릿한 전율이 그의 온 몸으로 퍼져나갔다. 푸르디 푸른

빛으로 밝아 오는 새벽하늘을 바라보던 목월은 자신의 마음 밭에서 오래 전부터 뛰어 놀던 '청노루' 한 마리를 세상 밖으로 내보내기로 결심했다.

머언 산 청운사 / 낡은 기와집
산은 자하산 / 봄눈 녹으면
느릅나무 / 속잎 피어가는 열두 구비를
청노루 / 맑은 눈에
도는 / 구름

「청노루」

1946년 6월 『청록집』이 출간되었다. 『청록집』은 해방 후에 한국문단에서 나온 최초의 시집이었다. 삼인 시집이라는 점도 그 당시로서는 상당히 이색적인 것이었다. 이 새로운 시집은 나오자마자 순식간에 팔려나가기 시작했고, 독자들의 반응은 뜨거웠다. 실로 예상치 못한 많은 부수가 팔려나가면서 이 시집의 인기는 한동안 장안에 화제 거리가 될 정도였다. 반향이 큰 만큼 문단에서도 『청록집』에 대한 다양한 비평들이 쏟아져 나왔는데, 이로 인해 민족 문학 진영과 좌익 진영 사이에 또 다시 치열한 공방이 가열되는 현상까지 불러왔다. 조풍연씨가 붙여준 광고문의 캐치프레이즈와 마찬가지로 '순수시를 지향하는 혜성처럼 나타난 신예 삼인 시집'은 결코 과장된 말이 아니었다.

『청록집』 발간을 계기로 민족 문학 진영은 더 단단하게 결집할 수 있는 계기를 마련했다. 그 해 9월 후라워 다방에서 시집 출판기념회는 대성황을 이루었다. 그동안 좌익 진영에 수적으로도 많이 밀렸던 민족진영 예술가들에게 이 날은 새로운 의미를 가지는 날이었다. 비로소 그들의 앞날에 깃발처럼 펄럭일 기념비적 작품을 두 손에 받쳐 들고 축하할 수 있는 그런 자리였던 것이다. 『청록집』이 발간되고 난 후로부터 6·25사변이 일어나기 전까지는 소위 '청록파'라고 불렸던 박목월과 조지훈, 박두진 시인의 전성시대였다.

목월이 서정 시인으로서 노래했던 자연은 공간을 초월한 것이었다. 살아 있는 상징적 실재로서의 한국적 자연이라고 할 수 있다. 평생 그의 정신의 바탕이 되고 그의 작품에 깊은 정서를 제공한 원천은 결국 '향수(鄕愁)'였던 셈이다. 목월에게 경주라는 공간과, 그 공간을 매개하는 경주의 사투리는 단순히 그의 시를 있게 하는 소재의 차원만은 아니었다. 고향은 현실공간의 막막함에서 살고 있는 자아가 원초적으로 쉴 수 있

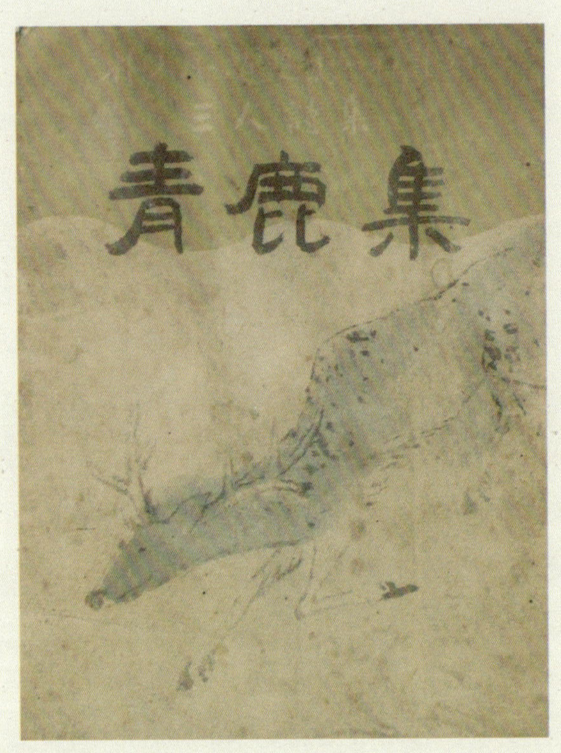

박목월, 조지훈, 박두진 삼인시집 청록집.

는 유토피아적 공간이었다. 이승과 저승, 너와 나, 내 편과 네 편의 구분이 없어진 장소였다. 이 공간 속에 놓여진, 이 공간이 길러낸 인물이 쓰는 언어가 바로 사투리였던 것이다. 그것이 가장 극적으로 드러나 있는 것이 바로 「사투리」라는 제목의 시다.

우리 고장에서는
오빠를
오라베라 했다.
그 무뚝뚝하고 왁살스러운 악센트로
오오라베 부르면
나는
앞이 칵 막히도록 좋았다.

나는 머루처럼 투명한
밤하늘을 사랑했다.
그리고 오디가 새까만
뽕나무를 사랑했다.
혹은 울타리 섶에 피는
이슬마꽃 같은 것을……
그런 것은

나무나 하늘이나 꽃이라기보다
내 고장의 사투리라 싶었다.

참말로
경상도 사투리에는
약간 풀냄새가 난다.
약간 이슬냄새가 난다.
그리고 입안이 마르는
황토흙 타는 냄새가 난다.

「사투리」

'오라베'라는 사투리의 어투 속에는 누이동생에 대한 애정뿐만 아니라 그 어감을 형성한 고향이 주는 그리움과 평화가 깃들어 있다. 풀, 이슬, 황토 흙의 냄새로까지 형상되는 사투리의 매력은 고향, 즉 자연의 정감과 심성, 고향의 아름다움, 자연의 냄새까지를 포괄하고 있는 실체인 것이다. 고향이라는 잊을 수 없는 중심 공간에 대한 향수인 것이다. 그 고향은 목월의 생명의 근원이기도 했다.

9 전쟁과 시인

대구에서 서울까지는 기차로 17시간이나 걸리는 먼거리였지만, 김영랑, 서정주, 박종화 등 당대의 문인들과 교류를 하게 된 것은 큰 보람이었다. 같은 해 9월에 후라워 다방에서 열린 『청록집』 출판기념회에서 만난 김동리와 조지훈은 목월에게 서울로 완전히 옮겨올 것을 종용했다. 『청록집』이 발간되면서 일약 유명 시인이 되자 사람들은 목월을 대구에 남아 있도록 가만 내버려두지 않았던 것이다. 서울의 이화여자고등학교에서 교사로 와 달라는 뜻밖의 제안이 들어 온 것은 바로 그 무렵이었다. 중학교 학생시절을 빼면, 1945년 겨울에서 1948년 가을에 이르는 만 3년의 세월을 목월은 대구에서 보낸 셈이다. 경주 시절의 청순하고 외로웠던 목월의 꿈이 열기를 머금고 보람으로 영글어 가던 시절이었다. 목월의 진정한 삶은 내면의 세계를 충실하게 다졌던 대구에서부터 영글었다고 할 수 있다.

1948년 가을부터 서울에 올라 와 교편을 잡게 된 이화여고 교정에는 학교의 역사만큼이나 오래된 은행나무 한 그루가 우뚝 서 있었다. 이 학교의 전통과 학풍은 그 은행나무가 짊어지고 있는 듯 했다. 동료 교사들 중에는 당대 최고의 지성이었던 시인 박태진과 독문학자 정경석, 작곡가 김순애, 화가 이인성 등이 있어 그들과 교류하는 것이 목월에게는 큰 기쁨이 되었다. 특히 작곡가 김순애는 나중에 목월의 시 「4월의 노래」에 곡을 붙여 일약 국민의 노래로 만든 장본인이기도 했다. 목월은 서울에서 더 많은 일들을 도모할 수 있었다. 좌우로 갈라져 싸우던 한국문단을 1949년 12월에 하나로 통합하여 발족시킨 '한국문학가협회'의 사무국장을 맡게 된 것이다.

학교에서 교편을 잡고 생활이 어느 정도 안정이 되자, 목월은 그동안 구상해 오던 사업을 시작했다. 그렇게 꿈꾸어왔던 자신의 출판사를 차리는 일이었다. 출판사 이름을 '산아방(山雅房)'으로 정하고, 맨 먼저 여학생들을 위한 잡지인 월간지 〈여학생〉을 출판했다. 이화여고에서 여학생들에게 문학을 가르친 경험을 바탕으로 여학생들의 일상적인 생활과 고민들을

경영 미숙으로 출판 사업에 실패했던 〈여학생〉지의 표지.

담아 아기자기한 잡지를 꾸몄다. 〈여학생〉은 인기가 있어 제법 많이 팔려나갔지만, 경영은 미숙했다. 결국 목월은 〈여학생〉 출판을 포기하고, 1950년 6월 초에는 조지훈과 박두진의 도움을 받아 〈시문학〉이라는 제목으로 새로운 문학지를 창간했다. 그러나 불행하게도 이 잡지를 발간한 후 단 며칠 만에 6·25 동란이 발생하여 출판사는 문을 닫아야만 했다.

1950년 6월 25일! 서울은 그 날도 평범한 일상으로 일요일 아침을 맞았다. 그러나 정오에 라디오에서 들려온 북한군의 남한 침략 소식은 평범한 일상을 공포로 몰아넣었다. 저녁 무렵이 되자 기우라고 믿었던 것들이 현실이 되었다. 멀리서 기관총 소리가 들려 오는가했는데 전투기의 폭격기가 요란한 소리를 내며 하늘을 가로질러갔다. 다음 날인 월요일 아침은 사태가 더욱 악화되었다. 국군이 북한군에게 밀려 한강까지 쫓겨 내려왔다는 소식이 들려왔다. 거리에는 피난민들이 넘쳐나고, 갈팡질팡 하는 사람들로 인산인해를 이루었다. 그렇게 전쟁은 한 민족의 가슴을 두 갈래로 찢어가며 성큼성큼 서울 중심부로 걸음을 옮기고 있었다.

목월은 문학인들과 예술가들이 모여 있다는 회의장으로 바삐 서둘러 갔다. 모두 백여 명 남짓한 사람들이 근심이 가득한 낯빛을 하고 앉아 있었다. 대부분 민족주의 진영의 문인과 예술가였던 그들을 북한군이 가만히 놔두진 않을 것이었다. 북한군들이 색출하려는 인물들의 명단에 그들의 이름이 올라 있는 것은 불 보듯 뻔한 일이었다. 비장한 회의가 시작되었다. 끝까지 투쟁하다가 조국의 운명과 함께 장렬하게 싸우다 죽자고 주장하는 이들도 있었지만, 일단 피신하여 차후의 일을 도모하자는 의견이 더 많은 지지를 받았다. 지훈과 목월은 회의를 마치고 나오며 서로 어떻게 해야 할지를 물었다.

"어차피 죽기는 죽겠지만 개죽음을 해서는 안 돼."

"그렇지……. 살아남아서 꼭 우리가 할 일이 있을 걸세."

"목월, 내일 날이 밝거든 안양에 있는 두진을 찾아가세."

"글쎄……. 식구들부터 만나봐야 할 것 같은데……."

"나는 내일 새벽에 길을 떠날 걸세. 두진의 집에서 다시 만나는 거야. 몸조심 하게."

"자네도 몸조심 하게나……."

목월은 그 길로 곧장 집으로 달려갔다. 대포와 총소리가 낮보다 훨씬 더 가깝게 들려왔다. 집에는 아내와 세 아이가 그를 기다리고 있었다. 당시 목월에게는 초등학교 6학년이었던 장남 동규와 다섯 살 난 딸 아이, 그리고 아직 젖먹이였던 막내 아들이 있었다. 가족들을 보는 순간 목월은 지훈과의 약속이 얼마나 무모한가를 뼈저리게 느껴야 했다.

아이들이 잠이 든 밤늦은 시간에 목월은 아내에게 전쟁의 상황이 얼마나 심각한지를 이야기했다. 목월의 이야기를 듣던 아내는 그에게 주저하지 말고 떠나라고 했다. 아이들은 자신이 돌보겠다며 당장 떠날 채비를 해 주었다. 아직 너무 어린 자식들을 데리고 피난길에 오르는 것은 참으로 무모한 일이었다. 하물며 자신이 북한군에게 쫓기는 신세이다 보니 같이 잡히는 날에는 일가족이 다 죽을 수도 있는 일이었다. 새벽이 되자 목월은 잠들어 있는 아이들을 하나씩 품에 꼭 껴안아주었다. 장남 동규가 잠을 깼다.

"동규야, 엄마 말씀 잘 들어야 한다."

위급한 상황을 파악한 듯 동규는 말없이 고개를 끄덕였다. 목월은 아내와 이 아이들을 이제 다시 볼 수 없을 지도 모른다는 생각에 가슴이 찢어질 것만 같았다.

혼자서 길을 떠난 목월은 한강을 따라 내려갔다. 한강을 건너 뒤돌아 본 서울의 모습은 온통 희뿌옇기만 했다. 눈물 때문이었다. 그리고 또 몇 날 며칠 밤을 걷고 걸어 남쪽으로 내려갔다. 유엔군이 참전했다는 소식을 들었지만 전세는 호전되지 않고 날로 더 악화되었다. 대전에 이르러 남쪽으로 떠나는 마지막 피난 열차를 겨우 얻어 탈 수 있었다. 그리고 몇 시간 후 기차는 대구를 거쳐 경주로 향했다. 고향은 편안히 그를 맞아주었지만, 그의 마음은 서울에 두고 온 가족들 생각에 지옥 같았다.

그런데 도저히 믿기지 않는 일이 벌어졌다. 초등학교 6학년에 지나지 않는 어린 아들 동규가 혼자서 경주 고향 집을 찾아온 것이다. 아들 동규는 목월이 떠난 후에 서울에 남은 가족들이 겪은 수모를 소상히 알려주었다. 그들은 한강변 용산역 부근 원효로에 살고 있었는데, 인민군들은 이미 서울을 점령하고 활개를 치고 돌아다닌다고 했다. 용산역과 한강 다리, 그리고 집 뒤편에 있는 조폐공사가 폭격으로 무너질 때 온 가족은 서로를 꼭 끌어안고 이불 밑에 숨어 있어야만 했다. 폭탄 터지는 소리가 두렵긴 했지만, 그래도 아내는 아이들을 잘 지켜내고 있었다. 그런데 어느 날 소총을 맨 인민군 몇 명이 완장을 차고 집으로 들이 닥쳤다. 다짜고짜로 집안으로 들어와 수색을 하더니 아내를 연행해 갔다는 것이다. 그들에게 끌려가면서도 아내는 뒤를 돌아보며 동규에게 소리쳤다고 했다.

"동규야, 동생들 잘 보살펴라."

"엄마……."

놀란 아이들은 공포에 질려 울음 소리도 함부로 낼 수가 없었다.

"동규야, 울지 말고 내 말 잘 들어. 고향 주소 적어준 거 있지? 엄마가 오지 않거든 동생들 데리고 그곳을 찾아가야 한다."

"네, 엄마…… 흐흑."

아내는 만약의 경우를 대비해서 경주 고향집 주소를 적은 헝겊 조각을 동규의 속옷에 꿰매어 두었던 것이다. 북한군 정치보위부에 끌려간 아내를 기다리고 있는 사람은 안경을 낀 사내였다.

"나는 목월의 친구 되는 사람이요. 그러니 안심하고 대답하시오. 목월 동무는 지금 어디에 있소?"

그의 말투는 아주 부드럽고 상냥했지만 믿을 수가 없었다. 아내는 고개를 숙이고 대답했다.

"저는 모릅니다. 남편이 집을 나간 지는 벌써 한 달이 넘었어요."

"아내가 남편이 간 곳을 모른다? 그것도 한 달 넘도록 행방불명이라고……? 사실대로 말하지 않으면 좋지 않을 거요."

"저는 정말 모른다니까요? 어디로 간다는 말 한마디도 없이 가버렸어요."

"평소 가깝게 지내던 사람들이 누가 있소?"

"글쎄요. 자주 외출은 하셨지만, 집으로 친구들을 데리고 오시는 분은 아니라서……."

"음…… 그것도 모른단 말이지……. 그럼, 혹시 박목월이 집에 돌아오면 나한테 연락해 줄 수 있겠소? 내 긴히 그 사람을 만나 전할 얘기가 있으니 말이오."

"예, 예, 알겠습니다. 반드시 이리로 오시라고 전하겠습니다."

심문이 끝나자 인민군들은 다시 그녀를 철창 속에 가두었다. 아내 유익순은 위기를 지혜롭게 모면했다. 두어 시간 정도 지났을까? 누군가가 열쇠로 철창문을 열었다. 한 번도 보지 못한 낯선 얼굴이었다. 그는 조용히 목월의 아내에게 속삭이는 목소리로 말을 걸었다.

"사모님, 저는 목월 시인의 제자입니다. 날이 밝으면 여기 있는 사람들을 모두 북쪽으로 데리고 갑니다. 제가 풀어드릴 테니, 지금 집에 가서 어디로든지 피하십시오."

"네…… 고맙습니다. 고맙습니다."

"시간이 없습니다. 이 계단으로 계속 내려가면 길이 나옵니다."

그는 오른쪽 방향으로 손가락을 가리켰다.

"근데, 댁은 누구신지, 이름이라도……."

"얼른 가세요, 사모님."

끝끝내 생명의 은인은 이름을 말해주지 않고 어둠 속으로 사라졌다. 목월의 아내는 새벽의 여명을 틈 타 그렇게 기적적으로 위기의 상황에서 벗어났던 것이다.

집으로 돌아 온 아내는 뛰는 가슴을 진정시킬 수가 없었다.

불현듯 맏아들 동규라도 살려야겠다는 생각이 들었다. 날이 새기가 무섭게 아내는 동규를 깨워 노자 돈을 쥐어주고 고향으로 떠나보냈다. 속옷에 주소를 꿰매줬다 한들, 어린 아이가 이 난리 통에 과연 그 먼길을 찾아 갈 수 있을지는 의문이었다. 아내는 애끓는 가슴을 진정시키며 동규에게 용기를 북돋우어 주는 것을 잊지 않았다.

"동규야, 넌 잘 할 수 있다. 네가 살아야 우리 식구가 산다. 부디 몸조심하고 아버지 만나거든 건강히 잘 지내거라."

다시는 만나지 못할지도 모르는 먼 길을 떠나보내는 어머니의 마음이 어떠했겠는가?

목월은 이 모든 일을 전해 준 아들을 얼싸안고 한없이 통곡했다. 그 먼 길을 혼자 찾아온 아들이 너무도 대견스러웠다. 지혜롭게 위기에 대처한 아내의 처신과 과감한 결단은 그의 목을 더욱 메이게 했다.

며칠 후 목월은 동규를 고향의 어머니에게 맡기고 곧장 대구로 떠나와 문총구국대(文總救國隊)에 자원해서 들어갔다. 문총구국대는 문인들이 모여 조직한 군부대였다. 이곳에서 목월은 기획위원장을 맡고 있던 조지훈과 다시 상봉했다. 전쟁은 유엔군이 인천상륙 작전을 성공시키면서 끝이 나는 듯 했다. 목월은 그 덕분에 서울 탈환의 감격적인 순간을 목격할 수 있

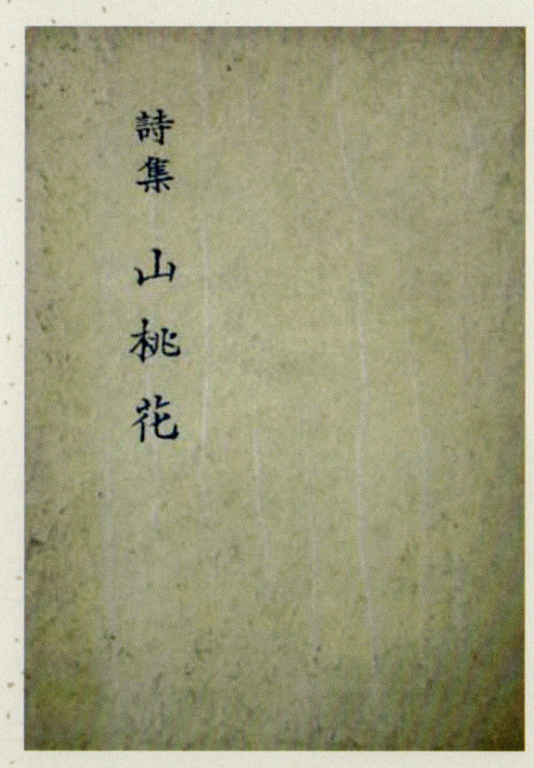

1955년에 발간된 최초의 목월 개인시집.

었고, 가족들과도 무사히 다시 상봉할 수 있었다. 그러나 중공군이 인해전술로 북한군을 도와 남하하자 서울은 또 다시 아비규환의 상태가 되었다. 목월은 가족들을 모두 데리고 다시 대구로 내려왔다. 그 후로 거의 3년 동안이나 대구에서 피난살이를 하며 군 출판 관련 업무의 고문 역할을 맡았다. 그리고 때를 기다렸다.

1953년, 전쟁이 끝나자 피난민들은 서울로 돌아오고 있었지만 슬픔은 끝나지 않았다. 1955년에 발간된 최초의 개인 시집 『산도화』에는 어둡고 암울한 시대의 긴 터널에서 얻은 고초와 아픔이 그대로 묻어났다. 간결하고 함축적인 시어로 상징적인 의미들을 강조했던 청록파 시절의 그것과는 사뭇 다르게 현실에서 부딪친 일들을 이야기하듯 풀어 쓴 시들이 주를 이루었다. 목월은 이 시집으로 제 3회 아시아 자유문학상을 수상했다.

전쟁이 끝났다고는 하지만 생활을 위한 생존 전쟁은 여전히 계속되었다. 서라벌 예대와 홍익대학 강사로 나가면서 벌어들이는 수입은 변변치 못했다. 그것으로 지탱하는 살림살이는 하루하루 끼니를 걱정해야 할 만큼 초라하고 궁색했다. 제대로 된 마땅한 직장도 없는 그에게 50년대 후반기는 경제적으로 가장 힘든 시기였다. 그 당시의 절박한 심정을 목월은 「층층계」에 담았다.

적산가옥 구석에 짤막한 층층계……
그 2층에서
나는 밤이 깊도록 글을 쓴다.
써도 써도 가랑잎처럼 쌓이는
공허감.
이것은 내일이면
지폐가 된다.
어느 것은 어린 것의 공납금.
어느 것은 가난한 시량대.
어느 것은 늘 가벼운 나의 용전.

10 떡갈나무 아래서

목월은 1956년 홍익대학교 교수로 임용되었다. 그는 주로 시 창작에만 주력해 왔기 때문에 대학 강단에서 시 이론을 가르쳐야 하는 일은 나름대로 큰 부담이 되었다. 그러나 그는 한두 시간의 강의를 위해 마치 시험공부를 하는 학생처럼 밤늦게까지 강의 준비를 하는 열성을 보였다. 그리고 1962년 3월에는 한양대학교 국문학과 교수로 자리를 옮겼다.

이듬해 11월 목월은 연구실로 걸려온 전화 한 통을 받았다. 한 남자가 차분하고 예의 바른 목소리로 긴히 만나서 드릴 말씀이 있다고 했다. 약속 시간이 되자 한 점잖은 신사가 그의 연구실 문을 두드렸다.

"안녕하십니까, 박목월 교수님, 귀한 시간 내 주셔서 감사드

립니다."

"누추한 곳까지 와 주셔서 제가 고맙지요. 근데 무슨 일로 저를 보자고 하셨는지요?"

"저는 대통령 당선자 박정희 각하의 영부인 되시는 육영수 여사의 부탁을 받고 이렇게 교수님을 찾아뵙게 되었습니다."

"뭐라고요?! 대통령의 영부인이라고 하셨어요?"

목월은 대통령 영부인의 부탁이라는 말을 듣고 몹시 놀라서 당황했다.

"예, 영부인께서 박목월 교수님을 문학 개인교수로 모시고 싶어 하십니다."

"아니, 어떻게 저 같은 사람이 감히 영부인을 가르칠 자격이 있겠습니까?"

"영부인께서 박목월 교수님의 시를 학창시절부터 좋아했다고 하시면서, 친히 교수님을 당신의 문학교수로 지목하셨습니다."

"아니, 그래도, 제가 감히……."

"수업은 일주일에 두어 시간이면 됩니다."

목월은 갑작스런 제안에 어떻게 대답해야 할지 몰라 당혹스러운 표정을 지었다. 경솔하게 대답할 수는 없는 문제였다. 일주일만 생각할 여유를 달라고 부탁하고는 그 신사를 돌려보냈다.

신사는 연락처를 남기고 떠났다. 목월은 이 문제를 두고 며칠 동안이나 고심했다. 수락하자니 예술가가 정치판에 뛰어들었다는 비난을 들을 수도 있고, 거절하자니 영부인의 호의를 무시하는 결례를 범할 것 같았다. 한 마디로 진퇴양난이었다. 고민하는 남편을 바라보던 아내는 그 제의를 수락하는 게 어떻겠냐고 했다. 영부인이 문학에 대해 올바르게 이해하게 된다면 문학의 발전이나 문학인들에게도 큰 도움이 될 수도 있다는 것이었다. 정부의 문화 정책 수립에도 긍정적인 영향력을 행사할 수 있지 않겠느냐고 했다. 그리고 무엇보다도 이 일은 자신의 영달을 위한 것이 아니라 한국의 문화예술을 위한 일이어야 한다고 했다. 목월은 아내의 지혜에 새삼 공감하며 고개를 끄덕였다.

이후에 육영수 여사는 실제로 많은 시인들의 시집 편찬을 간접적으로 후원했다. 『오늘의 한국시인선』이라는 제목으로 나온 일련의 시집들은 영부인이 자신의 존재를 밝히고 싶어하지 않았기 때문에 '어느 고마운 분 시리즈'라는 별칭으로 불리기도 했다. 그러나 이 일로 말미암아 목월은 '유신체제의 가정교사'라며 비난을 받기도 했다.

1968년 2월, 목월은 한국시인협회 회장으로 선임되었다. 그때부터 임종할 때까지 그는 회장직을 유지했다. 64년에 편찬

한 시집 『청담』에 이어, 이번에는 향토색이 짙은 시집 『경상도의 가랑잎』도 출간했다. 한국시인협회 회장이 되기 이전부터 목월은 좋은 시 잡지를 편찬하고 싶은 꿈이 있었다. 6·25 전쟁이 일어나기 바로 직전에 창간호를 발간했다가 바로 폐간되어 버린 〈시문학〉지에 대한 아쉬움이 풀지 못한 과제처럼 그의 머리에서 떠나지 않았다. 고급스럽고 권위 있는 시 잡지가 있어야 시인들의 창작 의욕을 고무시키고, 역량 있는 신인들을 발굴할 수 있으리라 믿었기 때문이었다.

목월은 새로운 잡지의 제호를 〈심상〉으로 지었다. 처음에는 〈이미지〉라는 영문명을 쓸까 생각도 했지만, 우리말로도 충분히 훌륭한 제호가 될 것 같았다. 목월이 새로운 시 잡지를 창간하는 계획에 많은 사람들이 동조해 주었다. 박남수, 김종길, 이형기, 김광림 시인이 편집기획을 맡고, 김종해, 이건청은 실무를 맡아 준비했는데, 그들은 보수를 전혀 받지 않으면서도 혼신의 힘을 다해 이 일에 매달렸다. 1973년 10월에 창간호를 낸 〈심상〉은 독자들에게 큰 호응을 불러일으켰다. 심혈을 기울여 선정한 품격 높은 작품들을 실은 데다 표지 디자인까지 세련된 이 잡지는 서점에 진열되기 바쁘게 금방 동이 났다. 실로 예상치 못한 좋은 반응에 목월과 그의 동료들도 놀랄 수 밖에 없었다. 창간호의 성공은 그 이후로도 독자들의 끊임없는 관심으로 이어졌다.

대학에서 강의를 하면서 동시에 한국시인협회의 업무를 보고, 또 잠을 줄여가며 〈심상〉 편집에까지 관여하는 등 목월은 1인 3역을 무리하게 해내고 있었다. 그 와중에 그는 자신의 건강은 돌볼 겨를이 없었고, 이로 인해 고혈압도 악화되어갔다.

과중한 업무에 시달리는 그에게 육영수 여사의 암살 사건은 커다란 충격이었다. 한 때 영부인을 가까이 모셨고, 또 그분에게서 큰 도움도 얻었던 그였기에 이런 비극 앞에서 슬픔을 감출 수 없었다. 그러나 슬픔이 진정도 되기 전에 예전의 그 신사에게서 다시 연락이 왔다. 이번에는 청와대에서 육영수 여사의 전기 집필을 박목월에게 의뢰하기로 결정했다는 것이었다. 도저히 거절할 수 없는 간곡한 부탁이었다. 목월은 박재삼 시인의 도움을 받아 집필에 전념했다. 자료 수집만 해도 만만치 않게 시간이 들었고, 집필은 한 글자 글자를 온갖 신경을 곤두세워 써야 하는 고된 작업이었다. 전기를 완성하는 데는 거의 1년이라는 기간이 걸렸다. 그 사이 목월은 자신의 심신이 많이 쇠약해졌다는 것을 알았다. 결국 고혈압으로 쓰러져 2주 동안 병원에 입원하는 일까지 생겼다.

대지에 온통 봄기운이 완연한 어느 해 봄 날 아침이었다. 초로에 접어든 목월은 여느 때처럼 새벽 산책을 나가기 위해 일찍 잠자리에서 일어났다. 고혈압으로 쓰러져 병원에 입원했을

아내는 목월의 가장 훌륭한 조언자요 후원자였다.

때 주치의는 걷는 운동을 많이 하면 병세가 호전될 것이니 가까운 동네 앞산을 오르거나 자주 산책을 해보라고 권했다. 그날 이후로 목월은 봄, 여름, 가을, 겨울 하루도 빠지지 않고 새벽 산책길에 올랐다. 산책을 다닌 이후부터는 실제로 건강도 많이 좋아졌다. 희미한 여명 속에서 밝아오는 새벽에 만나는 세상은 참으로 정결하고 신선했다.

동네 마을회관을 돌아 비탈길을 오르다 보면 키 큰 은행나무 한 그루가 있었다. 작년 가을 찬란한 황금빛으로 물들었던 잎들이 떨어진 자리에 연둣빛 새 잎이 돋아나려는지 잔뜩 부풀어 있었다. 매일 산책길에서 만나는 나무들은 목월이 지나가면 스치는 바람에 가지를 흔들어 반겨주었다. 시를 쓰는 마음은 항상 나무와 같아야 한다고 생각하던 목월이었다. 환한 햇살과 하늘에서 쏟아지는 비, 대기의 맑은 공기를 숨 쉴 수 있는 것만으로 충분히 만족하며 더 이상 욕심내지 않는 어진 마음, 죽어서도 그 몸뚱이를 아낌없이 내어주는 거룩한 존재의 숭고한 마음이 바로 나무의 마음인 것이다. 목월은 자신이 과연 이 나무들처럼 진정으로 아름다운 삶을 살았었는지, 그리고 어질고 숭고한 시를 쓴 시인이었는지를 조용히 되돌아보았다.

실제로 그는 평생을 나무처럼 서서 살았던 사람이었다. 변변치 않은 살림으로 겨우 아내와 자식들을 건사하며 노심초사

하루하루를 버티며 살았던 적도 있었다. 고독한 나무처럼 외로웠던 적도 많았다. 하지만 나무처럼 절망을 떠받치고 쓰러지지 않으려 안간힘을 쓰며 살아온 세월이었다. 그래서일까? 언제부터인가 그의 마음 밭에도 씨앗 하나가 새싹을 틔우고 실뿌리를 내리더니 이제 제법 밑동이 단단한 나무 한 그루가 자라는 듯 했다. 지난 세월 나그네 되어 타향 땅을 떠돌아다니다 돌아온 그는 이제 그 나무 아래서 쉬고 싶다는 생각을 했다.

하루종일 오솔길을 따라
계곡을 내려와서
떡갈나무 밑에서
쉰다.
나는 혼자다
어디서 울려오는지도 모르는
조잘거리는 개울물소리가
변두리를 수놓는
중심에
앉아
나도 떡갈나무
잎새가 된다.
되돌아보면

내가 걸어온 길은

녹음 속에 묻쳐버리고

숙연한 골짜기

해가 설핏 한 산마루에

구름이

삭고 있다.

아직도

바다로 나가려면

길은 멀었다.

귀가 쩡하게 울리는

자연의

중심에

앉아

나는 떡갈나무

잎새가 된다.

흔들린다.

「계곡(溪谷)에서」

등성이 하나 너머 있는 오솔길로 접어들자 떡갈나무 숲이

눈앞에 펼쳐졌다. 떡갈나무 아래 바위를 찾아 걸터앉았다. 아침 햇살을 받아 반짝이는 떡갈나무 잎사귀 하나에 목월의 눈길이 머물렀다. 그는 바람에 흔들리는 그 잎사귀에 빨려 들어가고 있었다. 우주의 초점은 이 떡갈나무 잎사귀 하나에 집중되고, 오로지 있는 것은 그것뿐이었다. 그리하여 떡갈나무 잎사귀는 세상 속에 있는 것이 아니라, 세상이 그 잎사귀 안에 있는 것으로 느껴졌다. 그 순간 떡갈나무 곁으로 어린 시절에 만났던 노루 한 마리가 귀를 쫑긋 세우고 달려올 것만 같았다.

산에서 내려와 집으로 돌아가는 길에는 교회가 하나 있었다. 매일 그 앞을 지날 때면 목월은 교회 안으로 들어가 모자를 벗고 기도를 했다. 나그네로 살았던 지난 인생길이 그 굽이굽이 펼쳐진 산등성이처럼 우여곡절도 참 많았다는 생각이 들었다. 그러나 이제 위에서 내려다보는 그 굴곡진 능선들이 그렇게 아름다울 수가 없었다.

1978년 3월 24일, 목월은 그날도 새벽 산책길에 기도를 마치고 집으로 돌아왔다. 그러나 그날은 유독 현기증이 심해 가만히 앉아 있기도 힘들었다. 자리를 깔고 누워야 했다. 그리고 그대로 영원히 깨지 않는 깊은 잠 속으로 빠져들었다.

창 밖에는 봄날의 따스한 햇살이 나무의 여린 새순을 어루만지고 있었다.

부록

박목월 연보

1916년(1세) 1월 6일 경북 경주 서면 모량리 571에서 부(父) 박준필과 모(母) 박인재의 장남으로 태어남. 아호는 소원(小園), 이름은 영종(泳種).

1923년(8세) 건천보통학교 입학.

1930년(15세) 대구 계성중학교 입학.

1933년(18세) 계성중학 3학년 재학 중 잡지 〈어린이〉에 동시 「통딱딱 통딱딱」이 실리고, 〈신가정〉에 「제비맞이」가 당선됨.

1935년(20세) 계성중학교 졸업. 경주 동부금융조합 서기로 취직.

1938년(23세) 5월 20일 유익순 여사와 결혼.

1939년(24세) 정지용의 추천으로 〈문장〉지 9월호에 시 「길처럼」, 「그것은 연륜이다」가 1회 추천, 12월에 「산그늘」이 2회 추천됨.

1940년(25세) 〈문장〉지 9월호에 「가을 어스름」, 「연륜」이 추천 완료되어 문단에 데뷔.

1945년(30세) 대구 계성중학교 교사로 부임.

1946년(31세) 4월 김동리, 서정주 등과 함께 조선청년문학가협회 결성. 조선문필가협회 상임위원직 역임. 6월 박목월, 조지훈, 박두진의 합동시집 『청록집』 발간. 동시집 『박영종 동시집』을 발간.

1948년(33세) 한국문학가협회 중앙위원 및 사무국장에 취임. 8월 서울로 이사.

1949년(34세) 서울대학교 음악대학에서 강의.

1950년(35세) 이화여자고등학교 교사로 부임. 출판사를 운영하면서 〈여학생〉, 〈시문학〉을 간행하였으나 한국전쟁으로 모두 종간. 6월 한국문학가협회 별동대 조직. 1953년 환도 때까지 공군종군문인단의 일원으로 복무.

1951년(36세) 공군종군문인단 편수관을 지냄. 대구에서 출판사를 운영.

1954년(39세) 서라벌 예술대학, 홍익대학에서 강의.

1955년(40세) 아시아 자유문학상 수상. 첫 개인 시집 『산도화』 펴냄.

1956년(41세) 홍익대학교 전임강사, 조교수 역임.

1957년(42세) 한국시인협회 창립.

1958년(43세) 자작시 해설서인 『보랏빛 소묘』 발간.

1959년(44세) 두 번째 개인 시집 『난 · 기타』 발간.

1962년(47세) 한양대학교 국문과 교수로 임용. 동시집 『산새알 물새알』 발간.

1964년(49세) 시집 『청담』 발간.

1968년(53세) 한국시인협회 회장 취임. 시집 『경상도의 가랑잎』, 연작시집 『어머니』, 『청록집 · 기타』 등을 발간. 『청담』으로 대한민국문학상 수상.

1969년(54세) 서울시 문화상 수상.

1972년(57세) 국민훈장 모란장 수훈.

1973년(58세) 시 잡지 〈심상〉 발행. 10월 『박목월자선집』 10권 간행.

1976년(61세) 시집 『무순』 발간. 한양대학교 문리과대학 학장에 취임.

1977년(62세) 한양대학교에서 명예 문학박사 학위 수여.

1978년(63세) 3월 24일 새벽에 산책에서 돌아와 지병인 고혈압으로 작고.

참고문헌

김기문 지음, 「동리와 목월의 생애」, 〈경주문화〉, 경주문화원, 제7호, 2001.

박목월 지음, 『박목월 자선집: 목탄화적 칼럼』, 삼중당, 1973.

박목월 지음, 『박목월 자선집: 자정의 반성』, 삼중당, 1973.

박목월 지음, 『박목월 자선집: 명상의 엽서』, 삼중당, 1973.

박목월 지음, 『박목월 자선집: 보라빛 소묘』, 삼중당, 1973.

박목월 지음, 『박목월 자선집: 뜨거운 점하나』, 삼중당, 1973.

박목월 지음, 『박목월 자선집: 생명과 사랑의 역정』, 삼중당, 1973.

박목월 지음, 『박목월 자선집: 구름에 달 가듯이』, 삼중당, 1973.

박목월 지음, 『박목월 자선집: 밤에 쓴 인생론』, 삼중당, 1973.

박목월 지음, 『박목월 동시집: 오리는 일학년』, 비룡소 출판사,

2006.

박목월 지음, 『얼룩 송아지』, 신구미디어 출판사, 1993.

박목월 지음, 『박목월 수필 문학선: 평생을 나는 서서 살았다』, 문학사상사, 2006.

박목월, 조지훈, 박두진 지음, 『청록집』, 을유문화사, 2006.

박목월, 박동규 공저, 『아버지와 아들』, 대산출판사, 2007.

박목월 지음, 이남호 엮음, 『박목월 시선집』, 민음사, 2003.

박현수 편저, 『박목월』, 새미작가론총서 14, 새미출판사, 2002.

이형기 편저, 『박목월 평전. 시선집. 자하산 청노루』, 문학세계사, 1986.

동리목월문학관 홈페이지 http://www.dmgyeongju.com

구름에 달 가듯이

나그네 시인 박목월

지은이 | 김중순 · 조미경
펴낸이 | 최도욱
펴낸곳 | 소통
편집 디자인 | 박진희
2010년 4월 15일 초판 발행

주소 | 서울특별시 금천구 시흥동 금천로44 1단지 상가 1-217
전화 | 02-895-3080
팩스 | 02-895-3330
이메일 | sotongpub@gmail.com, chio7417@hanmail.net

ISBN 978-89-93454-29-1 04230
978-89-93454-23-9 04230

값 12,000원

* 잘못 만들어진 책은 구입하신 서점에서 교환해 드립니다.

이 도서의 국립중앙도서관 출판시도서목록(CIP)은
e-CIP 홈페이지(http://www.nl.go.kr/cip.php)에서 이용하실 수 있습니다.
(CIP제어번호: CIP2010000962)